999

LOIS INSOLITES
À TRAVERS LE MONDE

NUL N'EST CENSE IGNORER LA LOI... INSOLITE

Si vous avez déjà été tenté de lire un code juridique en entier, je vous salue pour votre audace - mais aussi pour votre courage. Parfois, au milieu de ces pages denses et arides, se cachent de véritables pépites d'humour involontaire. Des règles qui semblent tout droit sorties d'un sketch comique ou d'une farce bien orchestrée. Et pourtant, elles sont bel et bien réelles. Dans "999 Lois Insolites à Travrers le Monde", nous plongeons tête la première dans ce monde de l'absurde juridique.

Des alligators aux crèmes glacées en cornet, en passant par les kangourous dans les salons de coiffure, ce livre explore les recoins les plus inattendus, insolites et, avouons-le, carrément hilarants de la législation mondiale. Pourquoi une telle loi existe-t-elle ? Qui a ressenti le besoin de légiférer sur la manière de chasser un élan depuis un avion ? Et, plus important encore, combien d'événements doivent s'être produits avant qu'une telle loi ne devienne nécessaire ?

Mais avant de trop rire de ces lois, prenons un moment pour réfléchir. Chaque réglementation, aussi absurde soit-elle à nos yeux, trouve son origine dans un contexte particulier. Peut-être qu'une loi, qui nous semble aujourd'hui risible, répondait à une préoccupation très sérieuse à l'époque de sa rédaction. Et même si nous pouvons nous questionner sur la pertinence ou l'actualité de certaines de ces réglementations, elles ont, ou ont eu à un moment donné, leur raison d'être - ou peut-être pas.

Alors, que vous lisiez ce livre pour le plaisir, par curiosité ou pour briller lors de vos prochains dîners, n'oubliez pas : le monde est vaste, varié, et parfois, complètement loufoque. Embarquez avec ce livre pour un voyage juridique hors du commun, et découvrez les trésors cachés des codes de lois du monde entier. Bonne lecture, et surtout, n'oubliez pas de vérifier si votre prochaine destination n'interdit pas les chaussettes à pois les jours de pleine lune !

Table des matières

ETATS-UNIS

ALABAMA

« Il est interdit de porter des jeans sur Noble Street. »

« Les combats d'ours sont interdits. »

« Il est illégal de jouer aux dominos le dimanche. »

« Il est illégal pour un conducteur d'avoir les yeux bandés tout en conduisant un véhicule. »

« Il est illégal de porter une fausse moustache qui provoque le rire à l'église. »

« Il est légal de conduire à contresens dans une rue à sens unique, à condition d'avoir une lanterne attachée à l'avant de sa voiture. »

« Il est illégal d'ouvrir un parapluie dans la rue de peur d'effrayer les chevaux, même s'ils sont loin. »

« Il est légal de promener son alligator, mais il est interdit de l'attacher à une borne d'incendie. »

« Il est interdit de conduire pieds nus. »

« Il est interdit de se promener avec une crème glacée en cornet dans sa poche arrière. »

« Il est interdit d'utiliser ou de s'amuser avec des confettis »

« Les mariages incestueux sont légaux. »

ALASKA

« Il est légal de tuer un ours, mais il est illégal de le réveiller prendre une photo. »

« Il est illégal de chuchoter à l'oreille de quelqu'un pendant qu'il chasse un élan. »

« Vous risquer de payer une amende, si vous jeter un élan vivant hors d'un avion en plein vol. »

« Les kangourous ne sont pas autorisés dans les salons de coiffure. »

« Il est interdit de regarder les élans depuis un avion. »

« Il est interdit de mettre son chien à l'arrière d'une véhicule décapotable »

ARIZONA

« Il interdit uniquement aux ânes de dormir dans les baignoires.»

« À Glendale, il est interdit d'utiliser la marche arrière, de son véhicule. »

« La chasse aux chameaux est interdite. »

« À Tombstone, il est illégal pour les hommes et les femmes de plus de 18 ans d'avoir une dent manquante visible en souriant.»

« Dans le comté de Mohave, un décret stipule que toute personne surprise en train de voler du savon doit se laver avec jusqu'à ce qu'il soit complètement utilisé. »

« Il interdit de prononcer le mot Arkansas avec le son s à la fin. L'Arkansas doit être prononcé "Arkansaw". »

« Il est illégal d'acheter ou de vendre des ampoules bleues. »

« Il est illégal de déplacer un cactus saguaro. Pendant la construction, des permis spéciaux doivent être obtenus avant que les cactus puissent être déplacés. »

« Il est interdit à toute personne de moins de 18 ans d'acheter de la colle contenant un solvant »

« Dans la ville d'El Mirage, il est strictement illégal d'installer une corde à linge, qu'elle soit utilisée pour sécher du linge ou non, à l'intérieur ou à l'extérieur de son domicile. »

« Tous les animaux, y les animaux sauvages, sont soumis aux mêmes règles que les véhicules à moteur lorsqu'ils circulent sur la route. »

« Il est illégal d'avoir plus d'un godemiché par foyer »

« La vente de fausse cocaïne, même si c'est du sucre glace, est un grave crime et constitue une des infractions les plus sévèrement punies. »

« Il est illégal d'afficher le signal de Batman dans le ciel »

Voici les lois étranges de la Californie résumées en une phrase, avec un grand espace entre elles :

CALIFORNIE

« Il est interdit de manger des grenouilles qui meurent lors de concours de sauts de grenouilles. »

« À Baldwin Park, il est interdit de faire du vélo dans une piscine. »

« À Blythe, il est obligatoire de posséder au moins deux vaches pour à porter des bottes de cow-boy. »

« À Burlingame, il est illégal de cracher, sauf sur les terrains de baseball. »

« À Burlingame, il est interdit de manger une crème glacée debout sur le trottoir. »

« À Burlingame, il est interdit aux femmes de porter des talons hauts en dehors du centre-ville. »

« Il est illégal pour quiconque d'essayer d'empêcher un enfant de sauter joyeusement par-dessus des flaques d'eau. »

« À Hollywood, il est illégal de faire descendre plus de 2000 moutons en même temps sur Hollywood Boulevard. »

« En Californie, il est illégal d'avoir ou d'activer l'identification de l'appelant sur son smartphone (caller ID). »

« En Californie, il est interdit de laisser sonner les téléphones plus de neuf fois dans les bureaux de l'administration. »

« Il est illégal de pleurer à la barre des témoins. »

« À Lodi, il est illégal de posséder ou de vendre de "l'aérosol à fil serpentin". »

« Il est illégal de poser un piège à souris sans permis de chasse. »

« Il est interdit aux femmes de conduire en robe de chambre. »

CAROLINE DU NORD

« À Barber, les combats entre chats et chiens sont interdits et risquent d'être euthanasiés. »

« Les éléphants ne peuvent pas être utilisés pour labourer les champs de coton. »

« À Asheville, il est interdit d'éternuer dans la ville. »

« À Raleigh, avant qu'un homme ne demande la main d'une femme en mariage, il doit être "approuvé par tous les animaux de la ferme sur la propriété de la jeune femme, pour assurer une vie agricole harmonieuse". »

« À Nags Head, il est interdit de chanter faux pendant plus de quatre-vingt-dix secondes. »

« À Kill Devil Hills, il est obligatoire tenir le guidon du vélo. »

CAROLINE DU SUD

« Selon la loi, si un homme promet d'épouser une femme célibataire, le mariage doit obligatoirement avoir lieu. »

« Une loi en vigueur autorise chaque homme adulte d'apporter un fusil à l'église, le dimanche, pour se protéger contre les attaques des Indiens. »

« Les chevaux ne doivent pas être gardés dans des baignoires. »

« La marchandise ne peut pas être vendue à moins d'un demi-mile d'une église, sauf s'il s'agit de fruits. »

« Il est interdit de vendre des instruments de musique le dimanche. »

« Aucune personne ne peut être obligée de travailler le dimanche, si cela l'empêche d'aller à l'église. Une exception existe pour les magasins de vente d'ampoules électriques. »

« Sur l'île de Hilton Head, il est illégal de pointer une lampe de poche sur une tortue de mer. »

« Effectuer un demi-tour à moins de 300 mètres d'une intersection est illégal. »

« Les compagnies de chemin de fer peuvent être tenues responsables si un train a effrayé des chevaux. »

« À Spartanburg, il est interdit de manger des pastèques dans le cimetière de Magnolia Street. »

COLORADO

« Les concessionnaires automobiles ne sont pas autorisés à exposer des voitures le dimanche. »

« Il est illégal de prêter son aspirateur à son voisin d'à côté »

« À Cripple Creek, il est illégal de faire monter son cheval ou son mulet de bât au-dessus du rez-de-chaussée de n'importe quel bâtiment. »

« À Denver, la fourrière pour chiens doit informer les chiens de leur futur capture en affichant, pendant trois jours consécutifs, un avis sur un arbre dans le parc de la ville et le long d'une route publique traversant ledit parc. »

« Il interdit de conduire une voiture noire le dimanche. »

« Au Colorado, il est désormais légal de retirer les étiquettes des meubles qui mentionne "Ne pas retirer sous peine de poursuite judiciaire". »

« À Pueblo, il est illégal de laisser le pissenlit pousser dans les abords de la ville. »

« À Sterling, les chats ne peuvent pas errer en liberté sans avoir été équipés d'un dispositif de lumière feu arrière. »

« Il est interdit de mettre une chaise rembourrée ou toute autre meuble rembourré sous le porche extérieur de sa maison. »

CONNECTICUT

« À Atwoodville, il est interdit aux personnes de jouer au Scrabble en attendant qu'un homme politique prenne la parole.»

« À Devon, il est illégal de s'amuser à marcher en reculant après le coucher du soleil. »

« La loi stipule qu'un cornichon n'est officiellement pas un cornichon à moins qu'il ne rebondisse. »

« À Hartford, les ballons publicitaires sont illégaux. »

« À Bloomfield, il est interdit de manger dans sa voiture. »

« À Guilford, seules les lumières de Noël blanches sont autorisées pour la décoration. »

« À Hartford, il n'est pas permis de traverser une rue en marchant sur les mains. »

« Il est interdit de dresser ou d'éduquer son chien. »

DAKOTA DU NORD

« À Fargo, on peut être emprisonné pour avoir porté un chapeau en dansant, ou même pour avoir porté un chapeau lors d'un bal dansant. »

« À Devils Lake, la fête du nouvel an doit se terminer avant 23h00 »

« La bière et les bretzels ne peuvent être servis en même temps dans aucun bar ou restaurant. »

« À Waverly, mieux vaut ne pas laisser votre cheval près de la baignoire, car les chevaux sont interdits de dormir dedans, tout comme dans la maison. »

« Il est illégal de garder un élan dans un bac à sables dans un jardin.»

« Il est illégal de s'allonger et de s'endormir avec ses chaussures.»

« Il est légal de tirer sur un Indien à cheval, à condition d'être soi-même dans un chariot couvert. »

DAKOTA DU SUD

« Il est illégal de s'allonger et de s'endormir dans une fromagerie.»

« Il est interdit de voir, de vendre ou de posséder des films de cinéma ou des séries tv montrant des policiers tués, frappés, ou traités de manière offensante. »

« Il est interdit aux Amérindiens d'être à plus de 5 dans une propriété privée. Sinon, il est autorisé et légal de leur tirer dessus »

« Une loi toujours en vigueur stipule que si trois Indiens ou plus marchent ensemble dans la rue, ils peuvent être considérés comme un groupe de guerre et il est légal pour les forces de l'ordre de leur tirer dessus. »

DELAWARE

« Les courses de chevaux de toute sorte sont interdient, le Vendredi Saint et le dimanche de Pâques. »

« Il est illégal de se marier sur un défi. »

DISTRICT DE COLUMBIA

« À Washington D.C., il est illégal d'afficher un avis public qualifiant une autre personne de "lâche" pour avoir refusé un défi en duel. »

« Il est illégal pour les petits garçons de jeter des pierres, à tout moment et en tout lieu. »

« C'est un crime de donner de fausses prévisions météorologiques. »

FLORIDE

« À Sarasota, il est illégal de chanter en public tout en étant vêtu d'un maillot de bain. »

« Une loi spéciale interdit aux femmes non mariées de sauter en parachute le dimanche, sous peine d'arrestation, d'amende et d'emprisonnement. »

« Il est interdit aux rats de quitter les bateaux amarrés dans la baie de Tampa. »

« À Hialeah, se promener en marchant lentement est un délit. »

« Si un éléphant est laissé attacher à un parcmètre, il faut payer le tarif de stationnement comme pour un véhicule. »

« Il est illégal de ne pas informer son voisin que sa maison est en feu. »

« Il est illégal de pêcher en conduisant sur un pont. »

« Il est illégal de faire du skateboard sans permis. »

« Les femmes peuvent être condamnées à une amende si elles s'endorment sous un sèche-cheveux, dans un salon de coiffure. »

« Il interdit de casser plus de trois assiettes par jour, ni d'ébrécher les bords de plus de quatre tasses ou soucoupes. »

GEORGIE

« À Acworth, tous les citoyens doivent posséder un râteau. »

« Il est illégal d'attacher une girafe à un poteau téléphonique ou à un lampadaire. »

« Les ânes ne peuvent pas être gardés dans des baignoires. »

« À Gainesville, la loi oblige de manger le poulet avec les doigts. »

« Il est illégal d'utiliser des jurons en présence d'un cadavre. »

« À Quitman, il est illégal pour un poulet de traverser la route. »

« À Jonesboro, il est illégal de dire "Oh, Boy". »

« À Marietta, bien qu'il soit illégal de cracher depuis une voiture ou un bus, les citoyens peuvent cracher depuis un camion. »

HAWAÏ

« Tous les résidents peuvent être condamnés à une amende s'ils ne possèdent pas de bateau. »

« Il est interdit de placer des pièces de monnaie dans ses oreilles.»

« À Honolulu, il est illégal de déranger un oiseau à l'intérieur des parcs publics. »

« À Hawaï, il est illégal de se faire tatouer derrière l'oreille ou sur la paupière à moins d'être en accompagné d'un médecin agréé. »

IDAHO

« À Boise, il est interdit de pêcher depuis le dos d'une girafe. »

« Dans la ville d'Idaho Falls, si vous avez 88 ans ou plus, il vous est interdit de conduire une moto. »

« Il est toujours illégal pour un couple d'avoir des relations sexuelles hors mariage. »

« Faire un tour de manège le dimanche est considéré comme un crime. »

« L'adultère est un crime passible de trois mois de prison. »

ILLINOIS

« Selon la loi de l'État de l'Illinois, tous les célibataires doivent être appelés "maître" et non "monsieur" lorsqu'ils sont salués ou interpellés par des femmes célibataires. »

« Il est illégal de parler anglais dans l'ensemble de l'État. La seule langue officiellement reconnue est le "américain". »

« À Des Plaines, les brouettes avec des panneaux "À vendre" ne peuvent pas être attachées aux arbres. »

« À Eureka, il interdit à un homme avec une moustache d'embrasser une femme. »

« À Evanston, le bowling est interdit »
« Il est illégal de faire du porte-à-porte à Halloween. »

« Il est illégal de se changer dans sa voiture avec les rideaux tirés, sauf en cas d'incendie de son véhicule. »

« À Homer, il est illégal d'utiliser une fronde à moins d'être un agent de police. »

« Il est illégal pour quiconque de donner des cigares allumés à des chiens, des chats et d'autres animaux domestiques. »

« À Chicago, il est également d'amener un caniche à l'opéra. »

« À Kirkland, les abeilles n'ont pas le droit de voler au-dessus du village ou à travers les rues de Kirkland. »

« La loi interdit de manger dans un endroit en feu. »

« À Kenilworth, il est autorisé de tirer sur un coq qui chante à moins de 91,44 mètres de son domicile. »

« Les poules qui veulent caqueter doivent reculer de 60 mètres de toute résidence. »

« À Normal, il est interdit de faire des grimaces aux chiens. »

« Vous pouvez être condamné pour une infraction de niveau 4, passible de jusqu'à trois ans de prison d'État, pour le crime d'"'écoute indiscrète" de votre propre conversation. »

INDIANA

« La "médisance malveillante" et "parler dans le dos de quelqu'un" sont illégaux. »

« Tous les hommes de 18 à 50 ans doivent travailler six jours par an sur les routes publiques. »

« À South Bend, si un singe fume une cigarette, il (le singe) doit être condamné à payer une amende de 25 dollars et les frais de procès. »

« À South Bend, il est illégal de faire fumer une cigarette à un singe.»

« Il est interdit de se baigner en hiver. »

« À Beech Grove, il est interdit de manger de la pastèque au parc. »

« Il est illégal d'aller au cinéma ou à un théâtre ou à monter dans un tramway public dans les quatre heures qui suivent la consommation d'ail. »

« Il est strictement illégal de doubler un cheval dans la rue. »

« Les draps des hôtels doivent mesurer exactement 251,46 cm de long sur 205,74 pouces de large »

« Si une personne présente un spectacle de marionnettes, de danse sur fil ou d'acrobatie et reçoit de l'argent pour cela, elle sera condamnée à une amende de 3 dollars en vertu de la Loi visant à prévenir les pratiques immorales. »

« Il interdit à quiconque et en toutes circonstances d'attraper un poisson à mains nues »

IOWA

« Il est légal pour un homme avec une moustache d'embrasser une femme seulement en privé et totalement illégal en public. »

« À Marshalltown, il est interdit aux chevaux de manger l'herbe autour des bornes d'incendie. »

« À Fort Madison, les pompiers sont tenus de faire des échauffements avec des étirements pendant 15 mn, avant toute intervention sur un incendie. »

« À Ottumwa, il est illégal pour tout homme de faire un clin d'œil à une femme qu'il ne connaît pas. »

KANSAS

« À Kansas City, dire le nom "George Washington" sans ajouter la phrase "bénit soit son nom" peut vous valoir une amende pouvant aller jusqu'à cinquante cents. »

« À Lawrence, toutes les voitures entrant dans les limites de la ville doivent d'abord klaxonner pour avertir les chevaux de leur arrivée. »

« Il interdit de cacher une abeille dans son chapeau. »

« Il est illégal de capturer des grenouilles taureau dans un champ de tomates. »

« Il est illégal de mettre de la crème glacée sur une tarte aux cerises. »

KENTUCKY

« Chaque habitant est tenu de prendre une douche au moins une fois par an. »

« À Owensboro, une femme ne peut pas acheter un chapeau sans la permission de son mari. »

« Il est illégal d'épouser le même homme plus de 3 fois. »

LOUISIANE

« Mordre quelqu'un avec des dents naturelles est une "agression simple", tandis que mordre quelqu'un avec des fausses dents est une "agression aggravée". »

« Il est illégal de se gargariser dans les lieux publics. »

« Il est illégal pour une femme de conduire sa voiture le long de Main Street, à moins que son mari ne marche devant le véhicule en agitant un drapeau rouge dans ses mains, pour signaler aux autres automobilistes et aux les piétons qu'une femme est au volant. »

« À Lafayette, il est illégal de jouer d'un instrument de musique dans le but d'attirer l'attention. »

« Il interdit aux personnes en deuil lors d'une veillée funèbre ne peuvent pas manger plus de trois sandwichs. »

MAINE

« Après le 14 janvier, il est interdit de laisser les décorations de Noël en place. »

« À Augusta, il est illégal de se promener dans la rue en jouant du violon. »

« À Portland, la loi oblige que les lacets de chaussures doivent être attachés en marchant dans la rue. »

« À Waterville, au Maine, il est illégal de se moucher en public. »

« À Portland, il est illégal chatouiller le menton d'une femme avec un plumeau à poussière. »

« Il est illégal de sortir d'un avion en vol. »

MARYLAND

« À Baltimore City, bien que cracher sur une route de la ville soit autorisé, cracher sur les trottoirs de la ville est interdit. »

« Manger en nageant dans l'océan est interdit. »

« À Baltimore, il est illégal de maltraiter les huîtres. »

« À Baltimore, il est illégal de laver ou frotter des éviers, quelle que soit leur saleté. »

« À Baltimore, il est illégal d'emmener un lion au cinéma. »

« Il est interdit d'être dans un parc public avec un t-shirt sans manches. »

« À Annapolis, il est interdit de jeter une botte de foin par la fenêtre du deuxième étage. »

MASSACHUSETTS

« À Holyoke, il est interdit d'arroser sa pelouse lorsqu'il pleut. »

« Il est illégal de prendre un bain à moins d'en avoir reçu l'ordre d'un médecin. »

« Il est illégal de livrer des couches pour le dimanche, quelle que soit l'urgence. »

« Il est obligatoire d'avoir une licence pour se laisser pousser une barbichette. »

« Manger des cacahuètes à l'église, est passible d'un an de prison. »

« À Provincetown, Mass., il est interdit de vendre de l'huile bronzante avant le dimanche matin. »

« Il est illégal d'effrayer un pigeon. »

« Il est illégal pour les restaurants de mettre des tomates dans la soupe aux palourdes. »

« Il est illégal de garder un mulet au deuxième étage d'un bâtiment situé en dehors d'une ville, à moins qu'il n'y ait 2 sorties. »

« À Longmeadow, il est illégal pour deux hommes de porter une baignoire à travers le parc de la ville. »

« À Marlboro, il est illégal d'acheter, de vendre ou de posséder un pistolet à eau. »

« À Newton, toutes les familles doivent accepter de recevoir un cochon de la part du maire de la ville. »

« Aucun gorille n'est autorisé sur la banquette arrière d'une voiture.»

« Ronfler est interdit à moins que toutes les fenêtres de la chambre ne soient fermées et verrouillées. »

« Esquinter une brique de lait est passible d'une amende de 10$. »

MICHIGAN

« Une femme n'a pas le droit de se couper les cheveux sans la permission de son mari. »

« Il est légal pour un voleur d'intenter une action en justice s'il a été blessé dans la maison cambriolée ».
« Les mineurs de plus de 12 ans peuvent avoir un permis pour une arme de poing. »

« Il est interdit aux couples de faire l'amour dans une automobile, à moins que l'acte n'ait lieu alors que le véhicule est garé sur la propriété du couple. »

« Il est interdit de détruire volontairement une ancienne radio. »

« Il est illégal pour un homme de regarder sa femme d'un air renfrogné le dimanche. »

« Il est illégal de laisser votre cochon en liberté à Détroit à moins qu'il n'ait un anneau dans le nez. »

« Il est illégal de laisser votre cochon en liberté à moins qu'il n'ait un anneau dans le nez. »

MINNESOTA

« Une loi stipule que les cheveux d'une femme appartiennent légalement à son mari. »

« Il est illégal de dormir dans une baignoire. »

« Au Minnesota, la loi de Blue Earth déclare qu'aucun enfant de moins de douze ans ne peut parler au téléphone sans la surveillance d'un parent. »

« Il est interdit de traverser les routes de l'État avec un canard sur sa tête. »

« Toutes les baignoires doivent avoir des pieds. »

« Il obligatoire que les hommes qui conduisent des motos portent des chemises. »

« Chaque homme à Brainerd, Minnesota, est légalement tenu de porter une barbe. »

« Il est interdit de manger des hamburgers le dimanche. »

« La loi indique que les hommes n'ont pas le droit d'avoir des relations sexuelles avec des poissons vivants. »

« Il interdit de garer son éléphant sur Main Street. »

« À Kalamazoo, il est interdit de faire une sérénade à votre petite amie. »

MISSISSIPPI

« À Temperance, MS, personne ne peut promener un chien sans le vêtir de couches. »

« Il est illégal de faire plus de 100 tours de la place de la ville d'un seul coup. »

« À Tylertown, il est illégal de se raser au milieu de Main Street. »

MISSOURI

« À Excelsior Springs, il est interdit de s'amuser avec des objets solides dans la main. »

« Le fait de déranger les écureuils n'est pas toléré. »

« Il interdit à quatre femmes de louer un appartement ensemble. »

« À Purdy, la danse est strictement interdite. »

« Il est illégal d'avoir des relations sexuelles orales. »

« Les hommes célibataires âgés entre 21 et 51 ans doivent payer un impôt annuel d'un dollar. »

« À Columbia, il est interdit d'avoir une antenne sur le toit de sa maison, mais il est autorisé de mettre une antenne parabolique de 8 mètres. »

« À Columbia, les cordes à linge sont interdites mais les vêtements peuvent être drapés par-dessus une clôture. »

« À Kansas City, les mineurs ne sont pas autorisés à acheter des jouets en forme de pistolets, mais ils peuvent acheter des véritables fusils de chasse librement. »
« À Kansas City, il interdit d'acheter, de posséder ou d'installer une baignoire à quatre pieds ressemblant à des pattes d'animaux. »

« À Marceline, un mineur à le droit acheter du tabac et du papier à rouler mais pas de briquet. »

« À Purdy, la danse est strictement interdite et passible d'emprisonnement. »

« Il est illégal de vivre à 4 et plus sans lien de parenté. La Loi sur les 'bordels' assimile la colocation à une maison close. »

MONTANA

« Il est considéré comme un crime pour une femme d'ouvrir le courrier de son mari. »

« Il est illégal pour les femmes mariées d'aller pêcher seules le dimanche, et il est également illégal pour les femmes célibataires de pêcher seules quel que soit le jour. »

« Il est illégal pour un homme et une femme d'avoir des relations sexuelles dans une autre position que celle du missionnaire. »

« Sept Indiens ou plus sont considérés comme un groupe de de guerre et il est légal de les abattre. »

« Il est illégal d'avoir un mouton dans la cabine de votre camion sans être accompagné d'une femme. »

« C'est un délit de voir ou de projeter ou de diffuser des films qui montre des actes criminels. »

« Personne ne doit élever des rats de compagnie. »

« Il est égal d'apporter une bombe ou une roquette lors d'un conseil municipal mais par lors des délibérations. »

« À Kalispell, toutes les tables de billard doivent être visibles depuis la rue à l'extérieur de la salle de billard. »

NEBRASKA

« Il n'est pas autorisé à un homme de se promener avec le torse rasé. »

« Un parent peut être arrêté si son enfant ne peut pas retenir un rot pendant un service religieux. »

« Il est illégal pour une mère de faire une permanente à sa fille sans une licence d'État. »

« À Lehigh, la vente de trous de beignets n'est pas autorisée. »

« À Waterloo, les coiffeurs ont l'interdiction de manger des oignons entre 7h et 19h. »

NEVADA

« À Elko, tout le monde marchant dans les rues est tenu de porter un masque. »

« À Las Vegas, il est illégal de mettre en gage ses prothèses dentaires. »

« Il est illégal de conduire un chameau sur l'autoroute. »

NEW HAMPSHIRE

« Si une personne est surprise à nettoyer les plages, à ramasser des déchets, à enlever des ordures sans un permis, elle peut être condamnée à une amende de 150 $ »

« Il est interdit de faire d'utilise des machines le dimanche. »

« La loi interdit de taper du pied, de hocher la tête ou de marquer le rythme de quelque manière que ce soit en écoutant de la musique dans une taverne, un restaurant ou un café. »

« Il interdit de vendre ses vêtements portés sur soi pour rembourser une dette de jeu. »

« Il est illégal de ramasser des algues sur la plage. »

NEW JERSEY

« Les automobiles ne doivent pas dépasser les voitures tracter par des chevaux. »

« Dans la commune de Bernard, il est illégal de froncer les sourcils.»

« À Caldwell, il est interdit de danser ou de porter un short sur l'avenue principale. »

« À Cresskill, tous les chats doivent porter trois clochettes pour avertir les oiseaux de leur présence. »

« Il est illégal de retarder ou de retenir un pigeon voyageur. »

« Au New Jersey, il est illégal de faire du bruit en mangeant de la soupe. »

« Il est interdit paour un homme de tricoter pendant la saison de pêche. »

« Il est illégal de "froncer les sourcils" face à un agent de police. »

« À Newark, il est illégal de vendre de la glace après 18 heures, à moins que le client n'ait une note de son médecin. »

« Il interdit de faire le plein d'essence dans les stations-d'essence sans l'aide d'un pompiste. »

NEW YORK

« Une amende de 25 dollars peut être infligée pour avoir flirté.»

« Il est nécessaire d'obtenir une licence avant de suspendre des vêtements sur une corde à linge. »

« Les femmes peuvent se mettre seins nus en public, à condition que cela ne soit pas utilisé à des fins commerciales. »

« À Carmel, un homme ne peut pas sortir en portant une veste et un pantalon de couleurs différentes. »

« Il est interdit aux personnes de se saluer en "mettant leur pouce sur le nez et en agitant les doigts". »

« Les perroquets sont autorisés à parler, mais pas à crier. »
« À `Brooklyn, les ânes n'ont pas le droit de dormir dans les baignoires. »

« Pendant un concert, il est illégal de manger des cacahuètes ou de marcher à reculons. »

« Il est interdit de secouer un balai à poussière par la fenêtre. »

« Il est illégal de jeter une balle ou un ballon sur la tête de quelqu'un pour s'amuser. »

« Traverser la rue en diagonale est légal, tant que cela ne se fait pas en diagonale. »

« Il est interdit de porter des pantoufles après 22 heures. »

« À Staten Island, il interdit d'arroser une pelouse que si le tuyau est tenu dans d'une main. »

« Il est interdit dans un ascenseur de parler à quiconque et de plier les mains en regardant la porte. »

« À Ocean City, il est interdit de vendre un steak tartare, ou une viande saignante dans un hamburger. »

NOUVEAU MEXIQUE

« Une loi mentionne que les personnes 'idiotes' et 'aliénés' ne peuvent pas voter. »

« Il interdit de lire Roméo et Juliette, à moins que l'ouvrage soit censuré de 400 mots 'sexuellement explicite' »

OHIO

« Il est interdit de tuer une mouche à moins de 50 mètres d'une église. »

« À Bay Village, il est illégal de se promener avec une vache sur la route Lake Road.»

« À Cleveland, il est illégal d'attraper des souris sans permis de chasse. »

« À Chillicothe, il est illégal de jeter du riz lors des mariages. »

« Dans le comté de Clinton, toute personne qui se contre un mur d'un bâtiment public sera passible d'amendes. »

« À Columbus, il est illégal pour les magasins de vendre des cornflakes le dimanche. »

« À Fairview Park, il est illégal de klaxonner deux fois de suite.»

« Il est légal de jeter un serpent sur quelqu'un, mais il est illégal de brandir un serpent devant quelqu'un. »

« Les objets laissés sur une pelouse ou devant un arbre deviennent la propriété de la ville. »

« À Marion, il est interdit de manger un beignet en marchant à reculons dans une rue de la ville. »

« À McDonald City, il interdit de faire défiler une oie dans la rue centrale. »

« Personne ne peut être arrêté le dimanche ni le 4 juillet. »

« Il est interdit d'être en panne d'essence. »

OKLAHOMA

« Une ordonnance de la ville stipule qu'il est illégal de mettre une personne hypnotisée dans une vitrine. »

« À Ada, il interdit avec peine de prison pour quiconque portant des vêtements au couleurs de l'équipe de baseball des New York Jets. »

« À Bromide, il est illégal pour les enfants d'utiliser des serviettes comme capes et de sauter des maisons en prétendant être Superman. »

« Il est illégal de porter vos bottes au lit. »

« Les personnes qui font des "grimaces" à des chiens peuvent être condamnées à de la prison. »

« À Tulsa, il est illégal d'ouvrir une bouteille de soda sans la supervision d'un ingénieur agréé. »

« Il est illégal de lire une bande dessinée tout en conduisant un véhicule à moteur. »

« Il n'est pas toléré que quelqu'un prenne une bouchée du hamburger de quelqu'un d'autre. »

« Les tatouages sont interdits. »

« Les mouchoirs ne doivent pas être rangés à l'arrière de votre voiture. »

OREGON

« La loi stipule que la vaisselle doit sécher à l'air libre. »

« À Hood River, jongler est strictement interdit. »

« Il est interdit de célébrer une cérémonie de mariage dans une patinoire. »

« Les politiciens ont l'interdiction de manger de l'ail ou des oignons avant de prononcer un sermon. »

« Il est illégal de murmurer des choses « interdit par la bible » à l'oreille de votre partenaire pendant les rapports sexuels. »

« Il est illégal d'acheter ou de vendre de la marijuana, mais il est légal d'en fumer sur sa propre propriété. »

« À Myrtle Creek, il est interdit de se battre sur un ring de boxe avec un kangourou. »

« Il n'est pas autorisé de siffler sous l'eau. »

« À Salem, les femmes ne sont pas autorisées à pratiquer un sport de lutte. »

« À Eugène, il est illégal de voir des films le dimanche, mais il est légal d'organiser une course de chevaux »

PENNSYLVANIE

« Une ordonnance spéciale interdit aux femmes de cacher de la saleté et de la poussière sous un tapis dans une habitation. »

« Toutes les bornes d'incendie doivent être vérifiées une heure avant chaque incendie. »

« Une loi stipule que si un automobiliste voit un cheval venir sur la route, le conducteur doit se ranger sur le côté de la route et couvrir le véhicule d'une bâche. Si le cheval a peur, le conducteur doit démonter sa voiture jusqu'à ce que le cheval n'ait plus peur. »

« Il est illégal de dormir sur le dessus d'un réfrigérateur situé en plein air. »

« À Philadelphie, il est interdit de mettre des bretzels dans un sac. »

« À Morrisville, il est obligatoire pour une femme d'avoir un permis pour porter du maquillage. »

« À Ridley Park, il formellement interdit de marcher en reculons en mangeant des cacahuètes devant l'auditorium Barnstormers, pendant une représentation. »

« Il est interdit d'attraper un poisson par une partie du corps autre que la bouche, même pour les poissonniers. »

RHODE ISLAND

« À Providence, il est illégal de vendre du dentifrice et une brosse à dents au même client, le dimanche. »

« À Scituate, il est illégal de garder des poules dans un camping-car si la personne vie au milieu d'autres de caravanes. »

« Jeter du jus de cornichon sur un tramway est considéré comme une infraction. »

« À Newport, il est interdit de la pipe après le coucher du soleil. »

« À Scituate, il est illégal de conduire dans n'importe quelle rue avec de la bière dans votre voiture, même si elle n'est pas ouverte. »

« À Warwick Ouest, il est illégal d'utiliser de l'eau les jours pairs dans le seul but d'arroser des plantes, des jardins ou des pelouses. »

« Les pistolets à eau sont illégaux. »

« Il est interdit aux enfants de jouer un jeu, de s'amuser, de rigoler ou de faire du sport le dimanche, sous peine d'une amende de 5$ ».

« Les sports professionnels, à l'exception du polo sur glace et du hockey, doivent obtenir une licence pour pouvoir jouer le dimanche. »

« Loi oblige le conducteur de faire beaucoup de bruit avant de dépasser une voiture par la gauche. »

TENNESSEE

« Il est interdit de conduire en étant endormi. »

« À Dyersburg, il est illégal pour une femme d'appeler un homme pour un rendez-vous, même professionnel. »

« À Knoxville, tous les commerces doivent disposer d'un "dispositif d'attache pour les chevaux" devant leurs établissements. »
« À Comté de Fayette, il interdit de posséder plus de cinq véhicules inutilisables sur une propriété. »

« Les bûches creuses ne peuvent pas être vendues. »

« Il est illégal d'attraper un poisson avec un lasso. »

« Il est illégal pour les grenouilles de coasser après 23 heures. »

« À Oneida, une ordonnance interdit à quiconque de chanter la chanson "It Ain't Goin' To Rain No Mo'". »

« Il interdit que plus de 8 femmes puissent vivre dans la même maison, car cela constituerait une maison close.»

« Voler un cheval est passible de la pendaison. »
« Toute personne qui mutile, tue ou détruit de quelque manière que ce soit une chienne (femelle) en bonne santé qui se trouve en liberté ne sera pas tenue responsable de cette mise à mort ni des dommages résultant de cet acte. »

« Il interdit de tirer un gibier autre que les baleines, depuis un véhicule en mouvement. »

« Les mendiants doivent d'abord payer 10 $ pour obtenir un permis de mendicité dans les rues du centre-ville de Memphis. »

TEXAS

« Une ordonnance de la ville stipule qu'une personne ne peut pas être pieds nus sans avoir préalablement obtenu un permis spécial de cinq dollars. »

« Une loi récemment adoptée contre la criminalité oblige les criminels à donner un préavis de 24 heures à leurs victimes, soit verbalement, soit par écrit, et à expliquer la nature du crime à commettre. »

« À Borger, il est interdit de jeter des confettis, des balles en caoutchouc, des plumeaux, des fouets, et des pétards explosifs de toute nature. »

« À Clarendon, il est illégal de dépoussiérer un bâtiment public avec un plumeau. »

« À Mesquite, il est illégal pour les enfants d'avoir des coupes de cheveux inhabituelles. »

« Il est illégal d'insulter la vache d'une autre personne. »

« Il existe une ancienne loi au Texas qui stipule que vous ne pouvez pas rentrer votre le bas de votre pantalon dans vos bottes à moins de posséder dix têtes de bétail ou plus. »
« On devient légalement marié, si une personne présente à trois reprise une autre personne en prétendant être son mari ou sa femme. »

UTAH

« Les oiseaux ont la priorité sur toutes les autoroutes. »

« Il est illégal de pêcher à cheval. »

« Un mari est responsable de tout acte criminel commis par sa femme en sa présence. »

« Il est illégal de ne pas boire de lait. »

« À Provo, jeter des boules de neige entraînera une amende de 50 dollars. »

« À Salt Lake City, personne ne peut marcher dans la rue en portant un sac en papier contenant un violon. »

« Il est légal pour les restaurants de servir du vin aux repas, seulement si le client demande la carte des vins. »

« Personne ne peut avoir des relations sexuelles à l'arrière d'une ambulance, si celle-ci répond à un appel d'urgence. »

« Il est interdit de vendre un pack de plus de 3 boissons. »

« Il est interdit de mettre de la bière dans un contenant de plus de deux litres. »

« À Logan, les hommes ont le droit d'insulter mais pas les femmes. »

« Il est considéré comme un crime de marcher de manière persistante sur des fissures des pavés du trottoir. »
« Il légal de se marier entre cousins à la seule condition, être âgé d'au moins 55 ans. »

VIRGINIE

« Les enfants n'ont pas le droit de faire du porte-à-porte pour Halloween. »

« À Culpeper, il est interdit à quiconque de marcher avec une mule sur le trottoir. »

« À Christiansburg, il est illégal d'imiter un sifflet de police. »

« À Richmond, il est illégal de lancer une pièce dans un restaurant pour décider de qui paie le café. »

« Insulter quelqu'un au téléphone est passible d'une amende de 100 dollars. »

« Il existait autrefois une loi à Salem, qui interdisait de quitter la maison sans savoir où l'on allait. »

WASHINGTON

« Toutes les sucettes sont interdites. »

« Il est illégal d'attraper un poisson en lui jetant une pierre. »

« Il est illégale de pratiquer la lutte professionnelle. »

« À Wilbur, il interdit de monter un cheval laid. »

VIRGINIE-OCCIDENTALE

« Selon la constitution de l'État, il est illégal pour quiconque de posséder un drapeau rouge ou noir. »

« À Alderson, il est interdit de promener un lion, un tigre ou un léopard, même en laisse. »
« Porter un chapeau à l'intérieur d'un théâtre est passible d'une amende. »

« Il est illégal de faire la sieste dans un train. »

« Il est illégal pour les poules de pondre des œufs avant 8 heures du matin et après 16 heures. »

« Dans le Comté de Nicholas, aucun membre du clergé n'est autorisé à raconter des blagues ou des histoires humoristiques lors de prêches religieux. »

« Aucun enfant ne peut aller à l'école avec une haleine d'oignon sauvage. »

« Les compagnies ferroviaires sont obligé de construire une gare lorsqu'un chemin de fer passe à moins de 1,6 km d'une communauté de 100 habitants ou plus. »

« Il est légal pour un homme d'avoir des relations sexuelles avec un animal tant que celui-ci ne dépasse pas 18 kilogrammes. »

« À Huntington, il est légal de battre son épouse à condition de le faire en public le dimanche, devant le palais de justice. »

WISCONSIN

« La loi de l'État interdisait de servir une tarte aux pommes sans fromage dans les restaurants publics. »

« Il est illégal de s'embrasser dans un train. »

« Il est illégal pour un coiffeur homme de couper les cheveux d'une femme. »

« L'utilisation de la margarine est interdite d'ans un restaurant, sauf si le client le demande. »

« Le beurre végétarien n'est pas autorisé dans les prisons. »

« Tout substitut de beurre de couleur jaune est interdit. »

« Les préservatifs étaient considérés comme un article obscène et devaient être cachés derrière le comptoir du pharmacien. »

« C'est un délit de classe A que d'agiter une lampe torche allumée en pointée vers le ciel. »

« À Brookfield, le tatouage est illégal, sauf s'il est pratiqué à des fins médicales. »

« À Hudson, la loi oblige les propriétaires d'installer des moustiquaires sur toutes les fenêtres du 1ᵉʳ mai au 1ᵉʳ octobre. »

WYOMING

« Les citoyens de Cheyenne ne peuvent pas prendre de douche le mercredi. »

« Il interdit de prendre une photo d'un lapin de janvier à avril sans autorisation officielle. »

« Il est illégal de cracher sur les marches d'une école. »

« Il est illégal pour les femmes de se tenir à moins 1,5 mètres d'un bar tout en buvant. »

« Il est interdit d'utiliser une arme à feu pour pêcher du poisson, mais il est légal d'utiliser de la dynamite. »

« Les constructions qui coûtent plus de 100.000$ doivent dépenser 1% de la somme en œuvres d'art pour la propriété. »

« Il est interdit de skier sous l'emprise de l'alcool. »

AMERIQUE DU NORD

« Il est illégal de tuer les Yétis (Bigfoor). »

« Il est interdit aux magasins de vendre des légumes frais entiers après 19h00. »

« À Petrolia, Ontario, il est interdit de siffler. »

« À Montréal, l'hôtel Le Reine Elizabeth est obligé d'offrir gratuitement la nourriture pour le cheval d'un client qui loue une chambre. »

« À Ottawa, il est interdit de manger de la crème glacée sur Bank Street, le dimanche. »

« À St-John, il est interdit de garder des vaches dans sa maison. »

« À Toronto, il est interdit de prendre les transports en commun le dimanche si quelqu'un a consommé de l'ail. »

« À Montréal, il est interdit d'afficher "à vendre" sur un véhicule en circulation. »

« Au Canada, il est illégal d'effrayer le roi. »

« Il est interdit de prétendre pratiquer la sorcellerie ou de prétendre prédire l'avenir. »

« Il est interdit de retirer un pansement en public. »

« À Halifax, les chauffeurs de taxi sont tenus de respecter un code vestimentaire et ne sont pas autorisés à porter des tee-shirts »

« Au Canada, il est illégal de causer intentionnellement la mort d'une personne malade en la terrorisant. »

« Il est interdit de créer, posséder ou vendre des bandes dessinées contenant un excès d'actes criminels. »

« En Alberta, il est illégal de peindre une échelle en bois. »

« À Souris, la création de grands bonhommes de neige est interdite. »

« À Toronto, il est illégal de traîner un cheval mort dans la rue Yonge les dimanches. »

« En Alberta, il est interdit à une personne de posséder, acheter ou vendre des rats domestiques. »

« À Victoria, deux musiciens de rue ne sont pas autorisés à jouer de la cornemuse simultanément. »

« À Oshawa, en Ontario, il est interdit de grimper aux arbres. »

« En Colombie-Britannique, à Oak Bay, une amende de 100 $ est prévue si un perroquet fait trop de bruit en chantant. »

« Il est illégal de placer un enfant de moins de cinq ans dans un réfrigérateur. »

« À London, en Ontario, il interdit d'avoir un gazon qui excède une hauteur de 3,8 cm. »

« Il est interdit d'arroser la pelouse pendant qu'il pleut. »

« Il est illégal d'utiliser un trotteur pour bébé, sous peine d'une amende de 100 000 euros et d'une peine de prison. »

« La sorcellerie demeure une infraction au Code criminel et est passible d'une peine de prison pouvant aller jusqu'à six mois, à moins qu'il s'agisse d'une supercherie, auquel cas la peine maximale d'emprisonnement est de deux mois. »

« À Etobicoke, il est interdit de remplir une baignoire à une hauteur excédant 9 centimètres d'eau. »

« À Montréal, il est interdit de stationner son véhicule de manière à obstruer l'entrée de son propre garage. »

« Un marchand a le droit légal de refuser le paiement d'un produit de 50 cents en pièces de 1 cent. »

« À Toronto, il est illégal d'insulter ou de se comporter de manière vulgaire dans les parcs. »

« Au Québec, il est interdit de fabriquer et de vendre de la margarine jaune, alors que dans le reste du pays, elle doit être blanche. »

« Il est interdit du vendre du lait cru ou non pasteurisé. »

« Il interdit de vendre du fromage français Comté ou Roquefort, car dangereux pour la santé de la population. »

MEXIQUE

« A San Pedro Huamelula, situé au sud de l'État d'Oaxaca, pour devenir Maire il faut épouser une femelle crocodile avec une cérémonie à la mairie, puis une fête dansante à laquelle tous les villageois sont conviés. »

« Jusqu'en 2021, la loi autorisée les rapports de zoophilie avec des animaux. »

AMERIQUE DU SUD

ARGENTINE

« Il est légal de changer de sexe pour partir cinq ans plus tôt à la retraite. La retraite est à 60 ans pour les femmes au lieu de 65 pour les hommes. »

« Il est interdit de donner des noms de fruits aux enfants. »

« Il est interdit d'appeler son animal "Hitler". »

« Les DJ ont l'obligation de jouer un certain nombre de disques de tango par rapport à d'autres types de musique. »

« Il est interdit de nommer son enfant "Messi" en Argentine, sauf si vous êtes Lionel Messi lui-même. »

BOLIVIE

« Il est interdit de conduire un véhicule si vous portez des sandales. »

« Porter des costumes d'époque dans la rue est illégal. »

« Il est illégal pour les femmes de consommer plus d'un verre de vin dans un bar ou un restaurant. »

« La sodomie est punissable de mort. »

« Il est illégal d'avoir des relations sexuelles avec une femme et sa fille… en même temps. »

BRESIL

« À Sao Paulo, il est interdit aux chauffeurs de taxi d'être en short et de parler de football. »

« Il est strictement illégal de dénigrer le football. »

« Jusqu'en 2003, le viol conjugal n'était pas considéré comme un crime. La loi autorisait le mari à avoir des relations sexuelles avec sa femme sans son consentement. »

CHILI

« La loi interdit de photographier les ovnis. »

« Jusqu'en 1989, l'adultère était illégal et puni par la loi uniquement lorsqu'il était commis par une femme mariée. L'adultère masculin n'était pas pénalisé. »

COLOMBIE

« Il est interdit aux couples de s'embrasser en public de manière passionnée. »

« La loi oblige à célébrer l'anniversaire de son conjoint.

« Les véhicules doivent avoir un extincteur et une trousse de premiers secours. »

« Seule la bière nationale peut être vendue les dimanches. »

« Seules les femmes peuvent vendre des patates à Bogota. »

« On peut acheter librement un couteau dans de nombreux magasins et marchés, mais il est illégal de le transporter avec soi, posant la question de comment le ramener à la maison. »

COSTA RICA

« Embrasser en public est illégal le dimanche. »

« Il est illégal de jouer aux dés et aux jeux de hasard. »

CUBA

« Il est interdit de tuer les poulets d'élevage pour les manger. »

ÉQUATEUR

« Vendre ou porter des sous-vêtements révélateurs en public peut entraîner une amende. »

« Il est autorisé pour une femme de danser nue en public, à condition que son nombril soit couvert. »

PEROU

« Il est autorisé de manger des lamas et des alpagas. »

URUGUAY

« Il est légale de cultiver, de vendre et d'acheter de la marijuana pour tous les usages. »

NICARAGUA

« C'est illégal pour les femmes de porter des jupes serrées. »

« Il est interdit de vendre des chewing-gums à saveur de fruits. »

« Seuls les agents du gouvernement peuvent posséder des fax. »

« Seuls les agents immobiliers ont le droit d'utiliser le terme "garantie" dans leurs publicités. »

PANAMA

« Épouser une femme de plus de 65 ans nécessite une permission. »

« Dans les années 80, il était illégal de faire du jogging ou de l'exercice en portant un t-shirt blanc et un short beige, car le leader Manuel Noriega voulait emprisonner autant de soldats américains que possible, et ces derniers portaient des t-shirts blancs et des shorts beiges lorsqu'ils faisaient du jogging »

PARAGUAY

« Le harcèlement de rue contre les femmes n'est toujours pas criminalisé. Le harcèlemnt est considéré comme faisant partie de la "culture". »

« Les duels à l'épée sont légaux le weekend, mais doivent être enregistrés auprès de la police. »

PEROU

« Il est interdit de chasser, pêcher ou cueillir des plantes sans autorisation. »

« Les femmes doivent demander une de leur mari pour travailler. »

« Les jeunes hommes non mariés sont interdits d'avoir une lama ou une alpaga femelle vivant dans leurs maisons. »

SURINAME

« Il est interdit de jouer aux cartes le dimanche. »

« Il est interdit de prédire l'avenir pour gagner de l'argent. »

« Porter un pyjama dans la rue est illégal. »

URUGUAY

« Faire léviter des objets en public est illégal. »

« Insulter le président est passible de prison. »

« Le président ne peut pas être divorcé. »

« Vendre des chewing-gums aux enfants est interdit. »

VENEZUELA

« Le code pénal prévoit des peines réduites en cas de crime "d'honneur", lorsqu'un homme tue sa femme ou sa fille pour adultère ou relations sexuelles illégitimes. »

« À Valencia, il est illégal d'avoir des relations sexuelles avec une personne considérée comme idiote. »

EUROPE

ALLEMAGNE

« Il est interdit de se balader avec un masque en Allemagne, ce qui peut compliquer les choses lors d'événements comme Halloween ou Mardi Gras. »

« Tous les employés de bureau doivent pouvoir voir le ciel. Les bureaux au sous-sol où la seule source de lumière est artificielle sont interdits. »

« Il est interdit de chanter le premier couplet de l'hymne national allemand car il était utilisé par les Nazis. »

« Il est interdit d'accorder son piano en pleine nuit, bien que cela ne s'applique pas à la guitare ».

« L'oreiller est considéré comme une arme passive, c'est-à-dire une arme qui peut être utilisée pour se protéger contre une arme active, comme un couteau ou un pistolet. »
« Il est interdit de se laver les mains le dimanche, et aussi, il est interdit de serrer la main à quiconque ce jour-là. »

« Les ramoneurs peuvent entrer dans n'importe quelle maison, et il est illégal de refuser l'entrée de sa maison à un ramoneur. »

« Il est formellement interdit de tomber en panne d'essence sur l'autoroute. »

***

« Un pub n'a pas le droit de refuser un client, même s'il est saoul ou que le pub est bondé. »

AUTRICHE

« Il est interdit de tondre son gazon le dimanche. »

« Les hommes avec des moustaches tombantes doivent les attacher pendant les tempêtes. »

« Il est interdit de faire du bruit lors d'une partie d'échecs. »

« Il est interdit de danser avec des chèvres. »

BELGIQUE

« Un conducteur qui souhaite tourner à travers la circulation venant en sens inverse a le droit de passage, à moins qu'il ne ralentisse ou s'arrête. »

« Le drapeau belge n'est pas conforme à sa propre constitution. »

« Une femme a le droit de vendre les biens commerciaux de son mari sans avoir besoin de son avis. »

« À Deinze, il est interdit de ramasser des confettis par terre pour ensuite les jeter. »

« À Lokeren, il est strictement interdit de faire peur aux gens. »

« À Lokeren, il est interdit de lire les lignes de la main, de prédire l'avenir, ou même d'interpréter les rêves. »

« À Saint-Nicolas, il est interdit aux enfants de grimper aux arbres. »

« En temps de guerre, les chiens et les bœufs sont réquisitionnés pour tracter les véhicules de l'armée. »

« À Hasselt, il est interdit de s'asseoir sur le dossier d'un banc.»

« À Arendonk, il est obligatoire de signaler immédiatement aux autorités la présence de chenilles processionnaires. »

« Les propriétaires réservent le droit de ramassage des fruits tombés au sol uniquement pour les enfants et les vieux. »
« Il existe au milieu d'un arrêté royal relatif au prix des médicament, une recette des asperges et du Cantal. »

« En cas de difficultés financières, il est interdit de se faire saisir sa dernière vache, ses 12 moutons et ses poules. »

« À Gand, il est interdit de sortir ses poubelles trop tôt sous peine de sanctions. »

« À Hasselt, seuls Saint-Nicolas, le Père Noël et le lapin de Pâques ont le droit de se masquer dans la rue. »

« À Lokeren, perturber quelqu'un de manière à le faire sursauter est sanctionné. »

« À Arendonk, il interdit aux pécheurs de s'éloigner de plus de 3 mètres de leur canne à pêche. »

« À Lokeren, il est interdit de lancer une boule de neige. »

BULGARIE

« Il est interdit d'entrer les morts avec plus de 5kg d'or. »

« Il est interdit de porter un masque en dehors du carnaval. »

« Il est interdit de porter un costume de père Noël en dehors de la période de Noël. »

CHYPRE

« Il est interdit de posséder plus de 2 chiens sans permis. »

« Il est interdit de jeter des confettis et du riz lors des mariages. »

« Il est interdit d'abattre un arbre sans permission. »

CROATIE

« Il est interdit de siffler après 22h. »

« Il est interdit d'enlever son maillot dans la mer, même si la personne est seul dans une plage vide. »

DANEMARK

« Il est interdit de démarrer une voiture sans avoir vérifié si un enfant ne se cache pas en dessous. »

« Avant de mettre en marche son véhicule, il est obligatoire de vérifier les lumières, les freins et de klaxonner une fois. »

« L'évasion d'une prison n'est pas illégale, cependant, si l'on est pris, il est obligatoire de purger le reste de sa peine. »

« Il est obligatoire d'allumer les phares à chaque fois qu'un véhicule est utilisé pour le distinguer des voitures garées. »

« Il est illégal de ne pas signaler à la police le décès d'une personne. »

« Il est interdit de porter un masque en public. »

« Une redevance est prélevée sur chaque achat d'une bouteille en plastique, qui est ensuite restituée lors du retour de la bouteille. »

« Les restaurants ne sont pas autorisés facturer l'eau à moins qu'elle soit accompagnée d'un autre élément tel que des glaçons. »

« Il est interdit d'avoir un tatouage sur les mains, le cou ou le visage. »

« La loi autorise les rapports de zoophilie avec des animaux. »

ESPAGNE

« À Cadix, il est interdit de jeter du riz sur les mariés lorsqu'ils sortent de l'église, afin d'éviter que des gens glissent sur les grains et que les oiseaux mangent gratuitement. »

« Il est interdit de porter certains prénoms comme Judas, Caïn, Mandarina et Coco ».

« À Séville, il est interdit de secouer ses vêtements et ses tapis à la fenêtre, au-dessus de la rue. »

« Il est interdit de promener plus de 8 chiens en même temps, une règle qui concerne principalement Madrid. »

« Il est interdit de transporter des articles d'épicerie sur la banquette arrière lorsqu'on conduit un cabriolet. »

« Entre 15h29 et 18h47, il est interdit de demander l'heure à Madrid, bien que cette loi ne soit pas vraiment appliquée. »

« Il est interdit de ronger les ongles, en voiture. »

« Il est interdit de faire le plein avec l'autoradio allumée. »

« Les conducteurs qui portent des verres correcteurs doivent conserver une seconde paire de lunettes à bord de leur véhicule, »

ESTONIE

« Il est interdit de conduire un tank dans les rues. »

« Il est interdit de laver son chien dans un lieu public. »

« Il est interdit de conduire un véhicule sans siège pour chien. »

FINLANDE

« Il est obligatoire pour les chauffeurs de taxi de payer des redevances s'ils diffusent de la musique dans leurs voitures. »

« Aucune loi n'interdit formellement de fumer sur les lieux de travail. »

FRANCE

« Il est formellement interdit d'appeler son cochon Napoléon.»

« À Paris, emprunter un couloir en sens interdit dans le métro est sanctionné par une amende de 25 euros. »

« De 8 heures à 20 heures, les radios sont obligées de diffuser au moins 60 % de musique francophones. »

« Il est possible de faire un chèque sur du papier toilette à condition qu'il soit assez solide pour ne pas se désagréger »

« Il est formellement interdit de prendre de photos des forces de l'ordre ou de leurs véhicules, même en arrière-plan. »

« Il est légal à tout citoyen de procéder à l'arrestation d'une personne recherchée. »

« Il est possible de voter aux élections pour un mort. »

« Aucune boisson alcoolisée n'est autorisée sur le lieu de travail à l'exception du vin, de la bière, du cidre et du poiré. »

« Il est interdit d'être nu chez soi, au risque de prendre 15.000 euros d'amende et un an d'emprisonnement. »

« Les parents peuvent s'opposer au mariage de leur enfant, même majeur. »

« Il est interdit de diffuser des photos de la tour Eiffel illuminée de nuit. »

« Il est interdit de se marier avec un membre de sa famille, sauf si le président de la République y est favorable... »

« Une femme désirant s'habiller en pantalon doit se présenter à la Préfecture de police pour en obtenir l'autorisation, sauf si la femme tient par la main un guidon de bicyclette ou les rênes d'un cheval. » (Ordonnance abrogée)

« A Granville, les éléphants sont interdits de plages et de baignade. » (Arrêté municipal)

« A Châteauneuf-du-Pape, le survol, l'atterrissage, et le décollage de 'soucoupes volantes' extraterrestres sont interdis. Si l'OVNI atterri sur le territoire de la commune, il sera immédiatement mis en fourrière, par le garde champêtre » (Arrêté municipal)

« A Sainte-Colombe-sur-Seine, il interdit aux femmes de procréer et toutes les futures mères doivent quitter le territoire communal » (Arrêté municipal)

« A Essarts en Bocage, pour tous, il est interdit de pleurer si ce n'est de rire. Il est interdit de mourir de rire. Il est demandé aux moustachus de rire dans leurs moustaches, aux barbus de rire dans leurs barbes, aux nerveux de rire nerveusement, aux cachotiers de rire en cachette, aux dentistes de rire à pleines dents, aux personnes souffrant du dos de rire comme des bossus, aux pneumologues de rire à pleins poumons, et aux océanographes de rire comme des baleines » (Arrêté municipal)

« A, Montereau, le Maire est favorable à la distribution gratuite de petites pilules bleues (Viagra) aux couples entre 18 et 40 ans, afin de leur donner toutes les chances de conception et ainsi de préserver les écoles dans deux communes » (Arrêté municipal)

« A Maisons-Laffitte, Anne Hidalgo est interdite de séjourner sur tout le territoire pour une durée indéterminée. La Police Nationale et la Police Municipale sont chargés de l'exécution de l'arrêté. » (Arrêté municipal)

« A Riotord, le Père Noël est autorisé à survoler et à se poser, avec ses rennes et six lutins, dans la commune pour y déposer ses cadeaux, entre le 24 et 25 décembre » (Arrêté municipal)

« A Challans, le Soleil est dans l'obligation de se présenter tous les matins du lundi au dimanche dans la ville. La pluie est autorisée seulement 3 nuits par semaine. Aucune dérogation ne sera accordée. Le commandant de la brigade territoriale de gendarmerie et le responsable de la police municipale sont chargés de l'exécution de l'arrêté. » (Arrêté municipal) »

« A Bressolles, Pokémon GO est interdit sur l'ensemble du territoire de la commune » (Arrêté municipal)

« Il interdit "à toute personne ne disposant pas de caveau dans le cimetière existant et souhaitant être inhumée à Cugnaux de décéder sur le territoire de la commune". » (Arrêté municipal)

« En France, il est obligatoire que tout le monde ait une botte de foin chez soi au cas où le roi passerait avec son cheval. »

« Il est légal de créer une assemblée secrète si l'Assemblée nationale est dissoute illégalement »

« A Paris, une poubelle est considérée une arme mortelle potentielle » (Arrêté municipal)

« A Paris, un cendrier est considéré une arme mortelle potentielle » (Arrêté municipal)

« Il est illégal de manger sur son lieu de travail, sauf dérogation obtenue auprès de l'inspecteur du travail. »

« Il est parfaitement légal de se marier avec une personne décédée, à condition de pouvoir prouver que le défunt avait également l'intention de se marier. »

« Il obligatoire d'acheter un billet de train pour un hamster ou un cochon d'Inde lorsqu'ils voyagent avec leur propriétaire. »

GRANDE BRETAGNE

« Dans des situations exceptionnelles, la loi permet à une femme enceinte d'uriner dans le casque d'un agent de police. »

« Il est formellement interdit de décéder au Parlement, sous peine d'être arrêté. »

« À Liverpool, une femme ne peut légalement travailler seins nus. Seule sont autorisée les femmes employées dans un magasin de poissons tropicaux. »

« Il est interdit de placer un timbre-poste avec la tête de la Reine en bas. Cela est considéré comme un acte de haute trahison, aux termes de la loi. »

« Il est interdit d'avoir plus d'un fou à la maison. »

« Les interdit de faire provoquer une explosion nucléaire »

« Il est interdit de se déguiser en militaire ou en policier même durant Halloween ou Mardi gras. »

« Il est interdit de tirer avec son canon à moins de 300 mètres des propriétés résidentielles. »

« Il est illégale de que les roues de son véhicule touchent le trottoir mais le stationnement sur un trottoir n'est pas illégal. »

« Il est interdit de prendre les transports en commun en cas de maladie contagieuse comme le rhume. »

« Il est conseillé de ne pas retourner les livres de bibliothèque en cas de choléra. »

« Il est interdit d'être ennuyeux dans une bibliothèque. »

« Il est illégal d'être ivre dans un pub. »

« Il est interdit que l'alarme de l'antivol de sa maison sonne. Il est obligatoire de donner le code de son l'alarme antivol à la police. »

« Il est illégal de demander de l'argent à un ami. »

« Il est interdit de marcher dans la forêt avec des échelles ou des planches. »

« Il est illégal de frapper à une porte et de s'enfuir. »

« Il est interdit aux politiciens de porter des armures au Parlement. »

« Il est interdit de secouer les tapis poussiéreux dans la rue. »

« Il est obligatoire de nourrir les chevaux affamés seulement avec ses mains. »

« Il est interdit de parler trop longuement avec le facteur ou à la Poste. »

« Il est interdit de promener des meubles sur les allées. »

« La peine de mort était proclamé, si quelqu'un tué un cerf dans une forêt royale. »

« Si vous tombez du wagon, n'atterrissez pas sur une vache, sinon vous risquez une amende de 40 shillings ou un séjour d'un mois en prison. »

« Le règlement interdit aux propriétaires d'inciter leurs chiens à aboyer, même pour des s'amuser. »

« Il est illégal pour un animal de compagnie de mourir hors domicile du propriétaire »

« Il est illégale d'avoir une porcherie sur sa pelouse, à moins que vous ne construisiez un grand mur. »

« Toutes les baleines du monde capturées en mer appartiennent à la couronne, selon la Prerogativa Regis de 1322. »

« Avoir l'air coupable en tenant un saumon est illégal selon l'Article 32 de la Loi sur le saumon de 1986 »

« Les promeneurs de chiens doivent porter un sac à crottes vide à tout moment sous peine d'amende, selon le règlement du Conseil du district de Daventry de 2015. »

« Les panneaux "Interdit d'entrer" ne s'appliquent pas aux marins des chalutiers qui grimpent en hauteur pour pointer du doigt les bancs de poissons. »

« Selon le Code de la route, règle 57, les animaux domestiques non attachés, comme les cochons d'Inde, doivent porter une ceinture de sécurité. »

« La loi interdit à son chien de compagnie d'aboyer envers les animaux d'un fermier, sous peine d'amende, selon la Loi sur les chiens de 1953. »

GRECE

« Il est interdit de jouer aux jeux vidéo : En 2002, une loi a été rédigée pour lutter contre les jeux de machines à sous, mais elle était tellement mal formulée qu'elle concernait tous les jeux vidéo. »

« Le vote n'est pas un droit mais une obligation, et les personnes qui ne votent pas lors des élections sont sujettes à des amendes et à la déchéance de leurs droits civiques et sociaux. »

« Il est interdit de distribuer ou d'utiliser des bons de réduction. »

« Il est interdit de jeter du papier toilette dans les toilettes. »

« Il est interdit de danser nu à l'Acropole ou de porter des talons aiguilles ou de mâchez du chewing-gum. »

« Une très ancienne loi toujours en vigueur en Grèce interdit aux forces de l'ordre l'accès aux universités. »

« En Grèce, une loi autorise l'État à exhumer les corps des défunts au bout de seulement 3 ans, à moins que la famille ne verse 150 000 euros pour une concession à vie. »

« Au mont Athos, les femmes sont interdites sur l'île ainsi que les animaux femelles. »

HONGRIE

« Il est interdit de manger du poulet avec une fourchette. »

« La loi autorise les rapports de zoophilie avec des animaux. »

« Il est interdit de manger du goulash plus de trois fois par semaine. »

« Il est interdit de porter des pantoufles à talons. »

IRLANDE

« Il est illégal de vendre une Bible à un athée.

« Il est interdit de vendre de la bière dans bouteille teintée en vert le 17 mars. »

« Il est interdit de s'habiller partiellement ou totalement en bleu près d'un pub Orange. »

ITALIE

« Il est illégal de vendre des produits surgelés qui n'ont pas été congelés en Italie. »

« À Eraclea, dans la province de Venise, il est interdit de se promener sur la plage sans porter un t-shirt, de jouer au football, de construire des châteaux de sable, de ramasser des coquillages et de prélever du sable. »

« À Lerici , il est interdit de sortir en maillot de bain. »

« À Lerici, il est interdit d'étendre des serviettes devant les balcons et les fenêtres. »

« Il est interdit aux vendeurs ambulants de proposer des massages, sous peine d'une amende de 10 000 euros. »

« À Sirolo, il est interdit d'occuper une place à la plage en laissant une serviette. »

« À Positano, il est interdit d'utiliser les feux d'artifice lors des fêtes privées, sauf le samedi. »

« Il est interdit aux artistes de rue à Sorrente de rester au même endroit plus de quinze minutes. »

« Il est interdit de s'asseoir sur les marches des monuments historiques à Brescia. »

« Il est interdit de nourrir les pigeons à Venise, Lucca et Cesena. »

« Il est interdit de se rassembler dans les rues principales à Pordenone »

« Il est interdit de s'embrasser dans la voiture à Eboli »

« Il est interdit de parler aux prostituées à Sanremo. »

« Il est obligatoire de payer une taxe pour l'entretien des marécages, même si les marécages n'existent plus. »

« À Milan, il est obligatoire d'avoir ses vêtements repassés. »

« Il est interdit de ne pas sourire, sauf lors des funérailles. »

« À Milan, il est interdit d'accrocher du linge sur les balcons ou les rebords des fenêtres des façades de copropriétés »

« À Milan, il est interdit de faire paître des animaux au parc. »

« À Falciano del Massico, il est interdit de mourir. »

LETTONIE

« Il est interdit d'accrocher du linge sur les antennes de télévision. »

LITUANIE

« Il est interdit de danser dans les rues entre 23h et 7h. »

« Il est interdit de vendre des ours en peluche à toute personne de plus de 18 ans. »

« Il est interdit de posséder plus de 5 porcs sans permis. »

LUXEMBOURG

« Il est obligatoire qu'un véhicule soit équipée d'essuie-glaces, mais il est autorisé de rouler sans pare-brise. »

MALTE

« Il est interdit de porter des vêtements de mode avec des motifs de camouflages militaires. »

« Il est interdit de porter des armures en public. »

« Il est interdit de laisser son linge sécher sur un balcon un jour de vote. »

NORVEGE

« Il est interdit de stériliser son chien ou son chat femelle. »

PAYS-BAS

« Il est légal de posséder au moins 5 grammes de cannabis. »

« La prostitution est légale, mais les prostituées doivent payer des impôts comme n'importe quelle autre profession. »

« Il est interdit de fumer une cigarette dans un coffee shop, mais il est autorisé de fumer du cannabis »

« Il est illégal d'enfermer un cambrioleur dans ses toilettes. »

« Il est illégal de prendre un souvenir de la forêt. »

« Il est illégal de partager une maison. »

« À Rotterdam, il est interdit aux chiens d'aboyer. Les propriétaires peuvent se voir infliger une amende. »

« Selon la loi néerlandaise, ses beaux-parents resteront ses beaux-parents même après un divorce. »

« Au Flevoland, il est interdit de mettre de la craie sur le trottoir. »

« À Deventer, il est interdit de se déguiser le jour de Noël. »

POLOGNE

« Il est interdit d'importer ou de posséder des jouets Kinder Surprise, à cause de la présence d'une surprise à l'intérieur. »

PORTUGAL

« Il est interdit d'uriner dans l'océan. »

« Un jeune de 18 ans qui ne travaille pas peut demander une aide mensuelle de 200 € au gouvernement, tandis qu'une personne âgée qui a contribué toute sa vie ne peut recevoir que 236 € de retraite. »

Si un mari offre une bague à sa femme, elle doit la déclarer aux services de l'état et payer et un impôt.

REPUBLIQUE TCHEQUE

« Il est interdit de se promener pieds nus en ville. »

« Il est interdit de conduire une voiture si on porte un déguisement de gorille. »

« Il est interdit de porter un costume de Père Noël en dehors de la période de Noël. »

ROUMANIE

« Il est interdit de jouer au Scrabble. Dans les années 1980, Ceausescu a interdit le jeu, le qualifiant de "trop intellectuel et diaboliquement subversif »

« Il est interdit de transformer son balcon en enclos pour des animaux de ferme. »

« Il est interdit de s'habiller en père Noël pour distribuer de la publicité. »

« Il est interdit de siffler dans les théâtres. »

« La loi autorise les rapports de zoophilie avec des animaux. »

SLOVAQUIE

« Il est illégal de parle une langue régionale. »

« Il est interdit de nourrir les pigeons en ville. »

SLOVENIE

« Il est interdit de peindre les œufs de Pâques en vert ou bleu. »

« Il est interdit de peindre sur les ruches. »

SUISSE

« Il est interdit de prendre des bains la nuit à Genève »
« Il est nécessaire d'étourdir un poisson rouge avant de le tuer. »

« Les cochons d'Inde, les lapins et les perruches doivent être au minimum deux et ne jamais être seuls. »

« Les cochons doivent bénéficier d'une douche. »

« Il est interdit de tondre la pelouse le dimanche. »

« Les possesseurs de hoverboard doivent les immatriculer auprès des autorités, même si techniquement cela n'est pas possible de les immatriculer. »

« Il est interdit de manger au volant, et est même plus sévèrement réprimé que de téléphoner en conduisant. » »

« Il est obligatoire d'obtenir un permis et de suivre une formation pour avoir un chien. »

« Il est interdit de claquer la portière de sa voiture. »

« Il est interdit de tirer la chasse d'eau après 22h. »

« Il est interdit de faire sécher du linge dehors le dimanche. »

« Les toilettes doivent rester fermées après 22 heures. »

« La prostitution est légale, mais il est illégal d'utiliser les services d'une prostituée. »

« Il est illégal de repeindre sa maison sans permis de peindre et d'accord gouvernemental. »

« Il est illégal de laver sa voiture le dimanche. »

« Il est illégal de tondre sa pelouse le dimanche. »
« Il est obligatoire pour les automobilistes qui ont des pneus "neige" de mettre un autocollant sur leur tableau de bord, spécifiant qu'il est interdit de rouler à une vitesse supérieure à 160 km/h avec de tels pneus. »

« Il est illégal de laisser les clés de voiture à l'intérieur du véhicule tout en le laissant ouvert. »

« Il est totalement autorisé de consommer du chien et du chat, mais la production, la vente et l'abattage en vue de les consommer sont strictement interdit. »

OCEANIE

AUSTRALIE

« Il est illégal de jeter des confettis à Adélaïde. »

« Il est interdit de déplacer des cactus. »

« Il est illégal de posséder plus de 110 kg de pommes de terre. »

« Il est interdit de s'introduire dans le Parlement de Victoria avec un casque de moto dans la main. »

« Il est interdit d'attacher sa chèvre à un arbre dans un parc public à Sydney. »

« Il est interdit d'imiter un accent à Queensland. »

« Il est illégal de vendre un aspirateur qui dépasse les 78 décibels. »

« Il est illégal pour les femmes de conduire en bikini à Cottesloe Beach. »

« Il est interdit d'apporter des koalas et des kangourous ivres dans les bars. »

« Il est interdit de lancer des poissons morts sur quelqu'un. »

« Il est interdit de traverser la rue en portant des patins à roulettes. »

 « Il est illégal de changer une ampoule les jours de la semaine à Victoria, sauf en cas d'urgence.

« Il est interdit de conduire un tracteur en maillot de bain dans les régions rurales. »

« Il est illégal de posséder un ordinateur sans avoir payé une licence spéciale à Western Australia. »

« Il est interdit d'amener un cochon dans une cabine téléphonique à Adélaïde. »

« Il est illégal de donner à sa femme un ustensile de ménage en cadeau de Noël. »

« Il est interdit de pêcher des poissons avec une grenade. »

« À Sydney, les véhicules stationnés doivent laisser leur moteur tourner afin que les chiens à l'intérieur puissent rester au frais. »

« Dans le Territoire du Nord, il est illégal de se regarder dans un miroir pendant plus de 2 mn dans un parc public le dimanche. »

« En Australie, il est interdit d'importer ou de posséder un cactus sans autorisation spéciale. »

« À Melbourne, il est illégal de siffler après minuit dans un lieu public. »

ILE DE GUAM

« Il est strictement interdit de se marier en étant vierge. Par conséquent, Ainsi, il existe des hommes dont le travail est de déflorer les femmes. Celles-ci les paient pour qu'ils "emmènent leur virginité". »

TAHITI

« Il est interdit de prendre une photo d'une baleine, d'une raie manta, d'un crabe cocotier, d'un requin, d'un pétrel de Tahiti ou d'un arbuste 'apetahi. Enfreindre cette règle peut entraîner une amende de 150 000 euros et 2 ans d'emprisonnement selon le code de l'environnement polynésien. »

MOYEN ORIENT

ARABIE SAOUDITE

« Les médecins masculins ne peuvent pas examiner les femmes, et les médecins féminins ne peuvent pas examiner les hommes. »

« Il est interdit pour les femmes de porter des jeans ou des robes en public. Elles ont l'obligation de porter une abaya noire et l'enlever que chez elles. »

« Il est totalement interdit aux non-musulmans d'accéder à la ville sainte de La Mecque et Médine. »

BAHREÏN

« Il est interdit à une personne endettée de quitter le pays, et paradoxalement, elle se voit également refuser le droit de travailler pour rembourser ses dettes. »

« La législation autorise un médecin homme à réaliser un examen gynécologique sur une femme, toutefois, il lui est interdit de regarder directement ses organes génitaux. Il peut uniquement les observer à travers un miroir. »

CHYPRE

« Toute personne entrant par la partie nord contrôlée par les Turcs, via l'aéroport d'Ercan, est considérée par le dans le Sud comme ayant pénétré à Chypre par un port d'entrée illégal. »

« Il est interdit de boire ou manger quoique ce soit au volant. Même de l'eau. »

ÉGYPTE

« Il est interdit de se tenir la main pour un couple non marié. »

« Tous les utilisateurs de Twitter ayant au moins 5 000 abonnés sont surveillés par la police qui peux les bloquer ou les poursuivre en justice. »

ÉMIRATS ARABES UNIS

« Il est interdit de s'embrasser en public ou de se tenir la main. »

IRAK

« La loi irakienne autorise la polygamie pour les hommes. »

« La loi irakienne autorise un homme à "punir" légalement son épouse, ce qui inclut les coups. »

« Il est illégal de vendre ou de posséder des jouets en forme de pistolets ou d'armes à feu. Même si c'est en plastique. »

« Pendant l'ère de Saddam Hussein, si un footballeur ratait un penalty lors d'un match important, il pouvait être exécuté. »

IRAN

« Il est interdit de posséder un chien. »

« La musique western est interdite. »

« Les femmes ont interdiction d'entrer dans un stade de football. »

« Il est interdit d'entrer dans un bus ou un métro réservé aux femmes. »

« Les femmes n'ont pas le droit de voyager seules sans la permission de leur mari ou père. »

« L'homosexualité est passible de la peine de mort. »

« Les relations sexuelles hors mariage sont illégales. »

« Le meurtre "d'honneur" d'une femme adultère par un membre masculin de sa famille peut être excusé. »

« Il est interdit d'écouter de la musique en voiture. »

« Les femmes n'ont pas le droit de devenir juge. »

« Les poupées Barbie sont interdites. »

« Il est interdit aux femmes de faire du vélo. »

« Les femmes n'ont pas le droit d'être présidente de la République. »

« Certains mots comme "pizza" ou "poney" sont interdits. »

« Les antennes paraboliques sont illégales. »

« Les romans d'amour sont interdits. »

« Il est interdit de se baigner en short de bain pour les hommes. »

« Il interdit de fêter la Saint-Valentin. »

« Le tatouage est illégal. »

« Il est interdit de jouer au jeu échecs. »

« La musique pop est interdite à la radio et à la télévision. »

« Les hommes ont interdiction de se raser la barbe. »

« Les mains des personnages sont censurées dans les publicités. »

« Il est illégal d'avoir un t-shirt avec des inscriptions en anglais. »

« Il interdit pour un homme un jeans troué en public. »
« Selon la Constitution du pays, la vie d'une femme ne vaut que la moitié d'un homme. »

« Il est interdit aux femmes d'étudier la biologie et 76 autres filières universitaires réservées aux hommes. »

« Après un divorce, le père obtient la garde officielle du garçon dès 2 ans et de la fille dès 7 ans. Si la mère envisage se remarier, elle perd automatiquement le droit de garde des enfants. »

« Les enfants peuvent être condamnées à mort dès l'âge de 9 ans pour les filles et dès l'âge de 15 ans pour les garçons. »

ISRAËL

« Il est interdit de vendre du pain pendant Pâque. »

« Il est interdit de prononcer le mot Dieu à voix haute dans les lieux publics. »

« Les rasoirs Bic une lame sont interdit à la vente car il est interdit de se raser avec un rasoir ayant une seule lame. »

« Il est interdit de manger des crustacés et des fruits de mer. »

« Il est interdit de demander cheeseburger car il est interdit de mélanger du fromage et de la viande dans un même plat. »

« Les mariages entre juifs et non-juifs ne sont pas reconnus par la loi. »

« Les femmes ont l'interdiction de porter des vêtements d'homme. »

« Il est interdit de dessiner ou de sculpter des représentations humaines. »

« Il est interdit d'élever des porcs dans tout le pays. »

« À Haifa, il est légal d'avoir un ours comme animal de compagnie mais il interdit de l'emmener à la plage. »

« Il est interdit de parler politique à l'extérieur ou en public. »

« Il est interdit de toucher une personne orthodoxe du sexe opposé, à moins qu'il s'agisse de sa famille. »

« Il est obligatoire de laisser un pourboire d'environ 15 % de la facture, même si le service était mauvais. »

« Il est interdit pour une femme de voir son mari nu. »

« Il est interdit de se curer le nez le samedi. »

« Il est interdit d'avaler un insecte. »

« Il est interdit d'acheter ou de transporter plus de 150 pains à la fois sans un permis spécial. »

« Il est interdit de manger des fruits et légumes sans les avoir lavés au préalable avec un antiseptique ou de la javel. Les salades doivent être lavées feuille par feuille. »

« Il est interdit de déchirer des billets de banque car ils contiennent le nom de Dieu. »

« Les femmes n'ont pas le droit d'être "top" maquillées. »

« Il est illégal de porter des chaussures ou des vêtements en cuir le 10ème jour après le nouvel an. »

« Les citoyens ont l'obligation de planter des arbres autour de leur maison, même s'il n'y pas de place. »
« Il est interdit de vendre du chewing-gum aux jeunes de moins de 18 ans. »

« Il est interdit de prononcer le nom d'Hitler à la radio ou à la télévision. »

« Il est autorisé de vendre des œufs de Pâques en chocolat que durant 5 jours dans l'année, sinon c'est interdit. »

« Il est obligatoire de stériliser son animal de compagnie. »

« Il est illégal de récupérer de l'eau de pluie pour son jardin, sans avoir demandé une licence spéciale à l'administration. »

« Il est interdit de manger ou de vendre des œufs qui ont été pondus le vendredi ou le samedi. »

« Retirer une pierre du Mur des Lamentations et passible de la peine de mort. »

« Il est possible de se faire interdire l'accès à certains endroits, si la personne est homosexuelle. »

« Il est possible pour les femmes de se voir interdire l'accès aux transports en commun si elles portent des hauts courts (crop top) ou des vêtements de sport. »

« Il est interdit à une femme de divorcer sans l'autorisation de son mari. »

« À Jérusalem, les femmes sont obligées de porter le voile ou le Sheitel, une sorte de perruque, afin de se conformer à la loi exigeant de se couvrir leurs cheveux. »

JORDANIE

« La loi autorisait un violeur à épouser sa victime afin de lui éviter la prison. La victime se trouvait ainsi contrainte de se marier avec son bourreau. (Loi abrogée en 2017) »

« Les crimes dits "d'honneur" bénéficient d'une certaine indulgence selon la loi. »

« La polygamie est autorisée pour les hommes. »

« Il est possible à une femme de demander le divorce à condition qu'elle renonce à toute compensation financière. »

KOWEÏT

« Il est interdit de critiquer l'Émir et les autorités, que ce soit verbalement ou par écrit. Cela inclut également les commentaires négatifs sur la police et les fonctionnaires. »

LIBAN

« La loi autorise les hommes d'avoir des rapports de zoophilie avec des animaux femelles, mais les ébats sexuels avec des animaux mâles est un délit puni de mort. »

« Loi interdit aux femmes de porter un short. »

« Il est légale de de consommer du cannabis qui pousse à l'état sauvage sur tout le territoire. »

OMAN

« Ill est illégal de modifier la dishdasha, un vêtement traditionnel masculin. »

QATAR

« Il est interdit de porter des jeans slim, ajustés au corps, des shorts, révélant les genoux, ainsi que des vêtements révélateurs tels que les débardeurs exposant les épaules, et des vêtements transparents. »

« Il est interdit de faire la bise à une personne du sexe opposé. »

« La loi interdit l'utilisation d'objets prétendument liés à la sorcellerie ou à l'occulte. »

SYRIE

« Le code pénal prévoit la peine de mort… par pendaison »

TURQUIE

« Il est interdit de cueillir des olives non mûres à Istanbul, sous peine d'une amende de 500 $ ou 2 ans de prison. »

« Pokémon et tout ce qui s'y rapporte est interdit. Cela été mise en place après la mort de 2 enfants qui, croyant posséder des pouvoirs Pokémon, ont sauté de leur fenêtre. »

YÉMEN

« Il interdit à une femme de témoigner devant une cour de justice, sauf si celle-ci est doublée d'un homme. »

« Il interdit à une femme de sortir de chez elle sans en avoir eu la permission de époux. »

ASIE

CAMBODGE

« Il est interdit de jouer aux pistolets à eau, le jour de l'an. »

CHINE

« Il est interdit de s'arrêter avec sa voiture aux passages piétons ; enfreindre cette règle peut entraîner une amende. »

« Il est obligatoire pour les supermarchés de peser et facturer chaque banane individuellement. »

« La loi interdit de sortir avec des collègues de travail. »

« Les moines tibétains ne sont pas autorisés à se réincarner sans obtenir la permission du gouvernement. »

« Une loi indique que pour aller à l'université, il est obligatoire d'être intelligent. »

« Le terrain sur lequel vivent les gens ne leur appartient pas. Seule la maison achetée leur appartient pendant 70 ans, le terrain appartient et reste la propriété du gouvernement. »

« Il est interdit de sauver une personne qui se noie, car cela est considéré comme allant à l'encontre de son destin. »

« Il est obligatoire de s'incliner et d'adresser une prière, lorsqu'on est face à quelqu'un de 70 ans ou plus »

« À Xian, dans province du Shaanxi, il est interdit d'avoir un chien ayant une largeur d'épaules de plus 50 centimètres. »

« Il est interdit de porter un kimono, sous peine d'arrestation. »

« Il est interdit de porter des vêtements de couleur arc-en-ciel. »

« La loi oblige les enfants de rendre visite à leurs parents sous peine d'être poursuivis en justice. »

« Il est interdit pour les fictions de traiter le thème du voyage dans le temps. »

« Il est interdit de voir de la pornographie. »

« Il est interdit de lire ou de regarder le dessin animé Alice au Pays des Merveilles, car assimilé à de l'apologie de la drogue. »

« Il est interdit aux militaires d'utiliser internet. »

« Il est interdit d'utiliser le mot 'jasmin' sur Internet en Chine, d'écrire son idéogramme dans un SMS, et le festival culturel international du jasmin a été interdit suite révolutions arabes. »

« Il est légal de stocker jusqu'à une tonne (1000 kg) d'explosifs dans le sous-sol de sa maison. »

« Il est légal pour une femme dont le mari est adultère de le tuer, mais uniquement à mains nues. »

« Il est interdit de promouvoir l'indépendance du Tibet en Chine, sous peine de se voir interdire l'accès au pays, comme cela est arrivé à des personnalités telles que Richard Gere, Brad Pitt, Martin Scorsese et Harrison Ford. »

« Il est obligatoire pour les écoliers de la province de Guizhou, de saluer les voitures qu'ils croisent afin d'encourager les conducteurs à la prudence. »

« Il est illégal de manger intentionnellement la femme d'un autre homme lors d'un repas. »

« Il est interdit pour un homme d'être 'efféminés' »

« Il est interdit au moins de 18 ans d'utiliser internet sur leur téléphone de 22h à 6h du Matin »

« Il interdit aux fonctionnaires d'utiliser un iPhone. »

« Il est interdit de taper certains mots clés dans un moteur de recherche comme par exemple : Liberté, Parti communiste, Propagande du parti, Grève, Corruption… »

« Il est interdit pour créateur de jeux vidéo de crée des personnages masculins efféminés, homosexuels. »

COREE DU NORD

« Il est interdit de s'asseoir sur un journal ou un magazine contenant une photo de Kim Jong-un ou de son père Kim Jong-il. »

« Il est obligatoire d'avoir accroché des portraits des dirigeants Kim dans toutes les maisons et tous les bâtiments publics. »

« Il est interdit et considéré comme un crime de voir un film étranger. »

« Il est interdit, depuis que Kim Jong-Un est au pouvoir, que quiconque porte le même nom que lui, obligeant ainsi toute personne appelée Kim à changer son nom ou à être fusillé. »

« Les citoyens doivent porter un badge avec le portrait de Kim Jong-un. Ne pas le porter est passible de la peine de mort. »

« Il est interdit de fêter son anniversaire. Seul l'anniversaire des dirigeants Kim peut être fêté. »

« Il est illégal de quitter le pays sans permission. Le passage non autorisé de la frontière est souvent puni de mort. »

« Les citoyens doivent s'enregistrer auprès de leur lieu de travail pour se déplacer dans une autre ville. Ces voyages sont contrôlés. »

« Il est interdit de pratiquer toute religion. Seul un culte de la personnalité des Kim est autorisé. »

« Les femmes ne peuvent pas porter de pantalon et les hommes n'ont pas le droit de porter de jeans. »

« Critiquer le régime communiste est sévèrement puni, souvent par la peine capitale ou l'envoi dans des camps. »

« S'endormir pendant un discours ou une apparition publique de Kim Jong-un est passible de la peine de mort. »

COREE DU SUD

« Les agents de circulation recevant des pots-de-vin des automobilistes doivent déclarer ceux-ci dans leurs revenus d'imposition. »

« Il est interdit d'abattre des chiens et des chats mais il n'est pas interdit de les consommer. »

« Selon la loi du pays, un enfant né un 31 décembre aura 2 ans dès le lendemain et non 2 jours. »

HONG KONG

« Une femme qui découvre que son mari est infidèle a le droit de le tuer à la seule force de ses mains, et de tuer sa maîtresse de la façon dont elle le souhaite »

INDE

« Le viol conjugal n'est pas considéré comme un viol. »

« Il est obligatoire de payer une taxe de divorce à la partie qui obtient la garde des enfants en Inde. »

« Il est obligatoire de payer des amendes pour les couples qui se marient tard en Inde. »

« À Delhi, rouler en vélo pendant la nuit est interdit. »

« À Delhi, cracher ou jeter des détritus en public entraîne des sanctions. Auparavant, cracher du paan et du gutkha était une infraction plus grave. »

« Dans l'État d'Uttar Pradesh, manger du boulgour était considéré comme un crime jusqu'en 1983. »

« Dans l'Haryana, souffler dans une conque de mer dans un lieu public nécessite un permis spécial. »

« Dans l'Himachal Pradesh, grincer des dents est considéré comme une infraction pénale. »

« Au Gujarat, caresser un chat en public peut valoir 6 mois de prison. »

« Dans l'Assam, une loi datant de 1878 interdisait aux hommes de laisser pousser leurs cheveux trop longs. »

« Dans l'Uttar Pradesh, embrasser sa femme devant les beaux-parents est passible d'une amende. »

« Dans le Rajasthan, se montrer en public avec des fringues trop serrées est passible d'amende. »

« Au Bengale occidental, bailler en public peut valoir une amende. »

« Au Bengale occidental, jouer aux échecs après 23h est considéré comme une perturbation de la paix publique. »

« Au Karnataka, dormir pendant plus de 6 heures d'affilée est considéré comme paresse et peut donner lieu à une amende. »

« Au Kerala, il est interdit aux hommes de se promener torse nu, même à la maison. »

« Au Tamil Nadu, les hommes allongés ou dormant dans les magasins/salles d'exposition pendant les heures de bureau s'exposent à des amendes. »

« À Bombay, ramper dans la rue peut valoir une peine de prison. »

« À Odisha, ne pas rapporter un livre à la bibliothèque à temps était un délit passible de prison. »

« Manger du bœuf est interdit et passible d'une peine de prison. »

« Certaines régions interdisent de manger ou de stocker des oignons entre 18h et 6h. »

« Il est interdit de porter des shorts, minijupes ou tout habit court. »

« En zones rurales, il est interdit de porter des lunettes de soleil, car considéré comme un signe mépris envers les agriculteurs. »

JAPON

« Il est interdit d'être gros. Les hommes de plus de 40 ans ne doivent pas avoir un tour de taille de plus de 80 cm et 90 cm pour les femmes. Sauf pour les sumos. »

« Il est illégale d'utiliser des talkies walkies achetés à l'étranger.»

« Il est interdit à une femme de se remarier moins de 6 mois après son divorce. »

« Il est interdit d'abîmer ou de jeter de l'argent. »

« Il est interdit aux ayants droits de percevoir la prime d'assurance si la personne est décédée lors d'un duel. »

« Il est obligatoire de signaler aux autorités la découverte de toute forme de vie extraterrestre présentant un risque potentiel pour l'humanité. »

« Il est interdit à l'Empereur de manger de fugu. »

« Il est interdit de brasser plus d'1% d'alcool à domicile. »

« Il est interdit d'éclabousser de l'eau sur les piétons en voiture lorsqu'il pleut ou après une averse, sous peine d'une amende. »

« Il est obligatoire pour les femmes de porter un soutien-gorge dans les bâtiments climatisés afin d'éviter que leurs tétons ne soient apparents et ne suscitent de l'excitation chez les hommes présents. »

« Il est strictement illégal pour les étrangers de se promener sans leur passeport. »

« Il est interdit écolière d'avoir une queue-de-cheval. »

« Il est interdit aux lycéens d'entrer en classe avec des cheveux colorés. »

« Il est interdit d'éternuer plus de 3 fois. »

« Le meurtre est interdit mais le cannibalisme est légal. »

« Il est interdit au sexe féminin d'accéder au Mont Omine. »

« Il est illégal d'utiliser un parapluie ouvert en faisant du vélo même s'il pleut. »

« Il est obligatoire pour un citoyen japonais de reconnaître l'enfant pendant la grossesse si la mère est une étrangère. Sinon, l'enfant ne pourra obtenir la nationalité japonaise qu'à l'âge de 20 ans. »

« Il est interdit de cloner un être humain. Si un humain est cloné, le clone sera condamné à 10 ans de prison ou à une amende de 10 000 000 yens. »

« Il est illégal d'endommager le drapeau d'un autre pays en public, mais il est autorisé d'endommager le drapeau japonais.»

« Il est interdit de s'adresser au chauffeur d'un bus en mouvement. »

« La loi sur la protection des oiseaux et des animaux sauvages interdit aux particuliers d'embêter les pigeons. »

« Il est illégal de ne pas signaler pas à l'employé d'un magasin lorsqu'il a rendu trop de monnaie. »

« Il est interdit d'avoir des ciseaux avec des lames de 8 cm et plus »

« La loi fixe la majorité sexuelle à 13 ans pour les filles, mais il n'existe pas d'âge pour le consentement. »

« Il est obligatoire de payer la taxe Sayonara pour quitter le pays. Elle est appliquée sur le prix du billet d'avion ou du bateau. »

« Il est interdit d'entrer sur le territoire japonais avec des médicaments contre les allergies. »

« Il est légal de recourir à la prostitution mais la nudité est censurée dans les films pour adultes »

« Il est légal que le gouvernement incite fortement les jeunes de boire de l'alcool. »

« Il est interdit de remettre le courrier de son voisin, reçu par erreur, dans la boîte aux lettres de ce dernier. Le courrier doit être renvoyé à la Poste. »

« Il est illégal de faire rentrer de la charcuterie sous peine de payer une amende de 3 millions de yens ou 3 ans de prison. »

« Il est interdit de mendier. »

« Il est déconseillé de laisser des pourboires aux restaurants »

« La loi autorise tout automobiliste à pouvoir interpeller un agent de police afin de dénoncer un conducteur lui ayant fait une queue de poisson. »

« Il est légal de boire de l'alcool dans la rue à la vue de tous. »

INDONESIE

« Il est illégal de pratiquer la masturbation, sous peine de décapitation. »

MALAISIE

« Il est interdit de porter du jaune. En 2016, suite à une manifestation où 100 000 personnes portant des tee-shirts jaunes ont envahi Kuala Lumpur, le gouvernement a interdit les vêtements de cette couleur. Toute personne vêtue de jaune peut être arrêtée. »

PHILIPPINES

« Il est interdit de rouler selon le dernier chiffre de votre immatriculation : 1 ou 2 le lundi, 3 ou 4 le mardi, 5 ou 6 le mercredi, 7 ou 8 le jeudi, et 9 ou 0 le vendredi. »

RUSSIE

« Il est interdit aux femmes de porter des sous-vêtements en dentelle. »

« La loi interdit de dire aux enfants que les homosexuelles existent. »

« Il est interdit de proposer un spectacle de marionnettes pour les enfants car cela est associé à de la propagande en faveur de l'homosexualité. »

« Selon une ancienne loi, les ours en captivité devaient être nourris au moins 2 kg de poisson par jour, avec accès illimité à de la bière. C'était censé les garder de bonne humeur ! »

« Il est illégal de porter des chaussures à talons hauts dans les musées. »

« La vente de chewing-gums aux moins de 18 ans est interdite. »

« Les antennes paraboliques doivent être peintes en vert pour se fondre dans le paysage. »

« Il est interdit aux femmes d'exercer 456 professions, jugées inadaptées à leur condition physique, incluant notamment conductrice d'une rame de métro et le travail dans les mines. »

SINGAPOUR

« Le chewing-gum est interdit à la vente et à la consommation depuis 1992. »

« Il est hors la loi de traverser à moins de 50 mètres d'un passage piéton. »

« Il est interdit de pratiquer le saut à l'élastique. »

« Il est proscrit pour les homosexuels de résider dans le pays. »

« Il est passible d'une amende de 1 000 dollars singapouriens si l'on ne tire pas la chasse d'eau après avoir utilisé des toilettes publiques. »

SRI LANKA

« Il est interdit de prendre des photographies devant une statue de Bouddha. »

« Il est interdit d'avoir un tatouage visible à l'effigie de Bouddha, sous peine de se faire expulser du pays. »

THAÏLAND

« Il est illégal de sortir de chez soi en Thaïlande sans sous-vêtements. »

« Il est obligatoire de porter une chemise lorsqu'on conduit une voiture. »

« Il est passible d'une amende de 600 $ si l'on jette un chewing-gum mâché sur le trottoir. »

« Il est interdit de marcher sur l'une pièce de monnaie ou un billet du pays. Cette loi a été mise en place pour éviter de marcher sur la tête du roi figurant sur les billets. »

« Il est interdit de parler une langue étrangère dans un microphone. »

« Il est strictement interdit de vapoter les cigarettes électroniques. »

« Il est interdit de regarder dans les yeux une personne de la famille royale. »

« Il est interdit de quitter le pays avec des souvenirs à l'effigie de Bouddha. »

« Il est interdit de boire ou de vendre de l'alcool entre 14h et 17h et de minuit à 6h du matin. »

« Il est strictement interdit de critiquer la famille royale, en tout lieu et avec quiconque, sous peine d'emprisonnement pour haute trahison. »

« Il est passible de peine de prison mort de ne pas écouter l'hymne national "avec respect". »

« Consommer du cannabis et passible de la peine de mort. »

UKRAINE

« Les individus trouvés en possession de documents pornographiques peuvent encourir jusqu'à trois ans de prison, à moins qu'ils ne puissent justifier l'usage de ces documents pour des raisons médicales. »

AFRIQUE

AFRIQUE DU SUD

« Il est interdit de nourrir les requins blancs sans permis. »

« Il est interdit de se baigner à la plage si l'on a la peste bubonique. »

« Il est interdit de nourrir les zèbres en mouvement. »

« Il est interdit de nourrir les crocodiles après minuit dans la province du Kwazulu-Natal. »

« Il est interdit d'acheter une télévision sans l'autorisation du gouvernement. »

« Bien que les ours n'existent pas en Afrique du Sud, il est interdit de chasser les ours. »

ALGERIE

« Il était illégal de vendre de l'huile de table aux mineurs en 2022, en application avec la loi anti-spéculation. »

« Il est interdit de sortir du territoire avec une bouteille d'huile d'olive dans sa valise. »

BENIN

« Une personne reconnue coupable de vol doit rembourser le triple de la valeur des biens volés. »

BOTSWANA

« Il est interdit d'insulter quelqu'un en public en l'appelant "chacal". »

« Il est interdit d'importer des perruques sans licence. »

CONGO

« Il est interdit de porter un masque en public. »

CAMEROUN

« Il est illégal de porter des pantalons à taille basse. »

« Il est interdit de porter des vêtements trop serrés. »

ÉTHIOPIE

« Il est interdit d'écrire sur les billets de banque. »

« Il est interdit de fumer ou de mâcher du chewing-gum lors d'événements religieux. »

GHANA

« Il est illégal de pêcher du poisson le mardi. »

« Il est interdit de pêcher à la dynamite. »

« Il est interdit de jouer au football dans les rues. »

« Il est illégal de jouer aux cartes les jours fériés avant 5h du soir. »

GUINEE EQUATORIALE

« Il est illégal de lire des livres et des magazines d'origines étrangères. »

« Il est illégal de nommer son enfant Monica. »

KENYA

« Fumer du cannabis est illégal, mais en cultiver est légal. »

« Il est illégal de se promener sans argent sur soi. »

« Il est illégal de toucher un porc-épic. »

MADAGASCAR

« Les femmes enceintes ne sont pas autorisées à porter des chapeaux. »

MAROC

« Il est interdit de critiquer le roi ou des institutions de l'État sous peine de prison. »

« Si une personne est arrêtée pour consommation de cannabis, les individus qui l'accompagnent seront jugés pour le même délit, même s'ils n'ont rien consommé. »

MAURITANIE

« Il est interdit de couper ou déraciner une palmeraie. »

« Il est interdit d'organiser une fête sans l'autorisation du voisinage. »

« Il est illégal pour les femmes d'avoir un IMC (Indice de Masse Corporelle) de plus de 30. »

NAMIBIE

« Fumer du cannabis est légal, mais le vendre est illégal. »

NIGERIA

« Il est illégal de dormir dans un camion en mouvement. »

« Il est interdit de dormir dans un réfrigérateur. »

« Il est illégal de fumer dans les rues de Lagos. »

OUGANDA

« Il est interdit d'attraper des poissons avec la bouche. »

« Il est illégal de faire du bruit près d'un lieu de culte. »

« Les femmes ont interdiction de porter des robes avec des impressions léopard. »

REPUBLIQUE DEMOCRATIQUE DU CONGO

« Il est interdit aux femmes de porter des pantalons. »

« Il n'est pas interdit de croire en la sorcellerie, mais il interdit de faire de la sorcellerie ou d'accuser quelqu'un d'être sorcier. »

« Les lois n'interdisent pas les actes sexuels entre personnes de même sexe. Toutefois, l'homosexualité n'est pas tolérée »

REPUBLIQUE CENTRAFRICAINE

« Toutes les crottes d'éléphants appartiennent à l'État. »

SOUDAN

« Il est interdit aux hommes et aux femmes de s'asseoir ensemble sans un chaperon. »

« Il est interdit aux hommes de s'asseoir à côté des femmes dans les transports publics. »

SWAZILAND

« Le roi Mswati III a interdit aux femmes de porter des pantalons, affirmant que cela était contre la culture swazie. »

TCHAD

« Il est interdit aux femmes de porter un pantalon. »

« Il est illégal pour les non musulmans de posséder un Coran. »

« Il est interdit de prendre des photos, sauf si un permis a été obtenu au préalable »

TUNISIE

« Les mosquées sont exemptées de payer l'électricité. »

ZAMBIE

« Il est interdit de vendre des saucisses contenant de la sciure de bois. »

ZIMBABWE

« Il est interdit de rire en public le vendredi. »

« Il est illégal de plaisanter à propos du Président. »

« Les citoyens doivent présenter un certificat de loyauté au Président tous les 10 ans. »

MENTIONS LEGALES
999 LOIS INSOLITES À TRAVERS LE MONDE
Omar MERFEDJ
Éditeur : Independently Published
Imprimeur : Amazon Distribution GmbH – Allemagne
ISBN : 9798864868058
Dépôt légal : Novembre 2023